汽车车身修复技术

任务工单

主编　谭莉　符小刚　王进新

班级：________________

姓名：________________

学号：________________

北京理工大学出版社
BEIJING INSTITUTE OF TECHNOLOGY PRESS

汽车车身修复技术
任务工单

班级：______________

姓名：______________

学号：______________

北京理工大学出版社
BEIJING INSTITUTE OF TECHNOLOGY PRESS

目　录

项目一　汽车车身修复安全与防护

任务工单一　汽车 4S 修理店了解车身修复服务流程

姓名		班级		日期		成绩	

任务目标	1. 能正确口述车身修复服务流程; 2. 能正确口述车身修复车间布局; 3. 能正确口述车身修复作业内容		
安全事项	1. 学生在参观时要遵守车间的规章制度; 2. 不得随意移动和触碰车间内所有车辆、设备、工具及材料		
任务准备	对学生进行纪律和安全教育		
项目	实施要点	配分	完成情况
1. 人员安全防护	按要求穿着工作服	10	□是 □否
	按要求戴安全帽		□是 □否
	按要求穿安全鞋		□是 □否
2. 学习车间安全、规章制度	了解车间安全、规章制度等相关知识	10	□是 □否
3. 参观汽车 4S 店	进入车间后是否遵守了车间规章制度	10	□是 □否
	在车间近距离观察时是否佩戴了相关安全防护品	10	□是 □否
	观察车身修复车间的布局，并口述	10	□是 □否
	观察和询问受损车辆的维修服务流程，并口述	10	□是 □否
	观察和询问受损车辆的车身修复作业过程，并口述	10	□是 □否
4. 车间 6S 管理	是否大声喧哗	6	□是 □否
	是否乱扔垃圾	6	□是 □否
	参观车间时是否遵守纪律	6	□是 □否
	参观车间时是否到处乱逛	6	□是 □否
	是否乱动、乱拿车间内的设备、工具和材料	6	□是 □否
实训总结			
教师评价			

任务工单二　手提式干粉灭火器的检查与使用

<table>
<tr><td>姓名</td><td></td><td>班级</td><td></td><td>日期</td><td></td><td>成绩</td><td></td></tr>
</table>

<table>
<tr><td>任务目标</td><td colspan="3">1. 能正确识别手提式干粉灭火器的型号，描述其含义；
2. 能正确检查手提式干粉灭火器，并能判断是否能正常使用；
3. 能正确使用手提式干粉灭火器</td></tr>
<tr><td>安全事项</td><td colspan="3">1. 要在空旷安全区域进行灭火演示试验，保证人员、场所等安全；
2. 不能随便拔下灭火器保险销，保证设备无损</td></tr>
<tr><td>任务准备</td><td colspan="3">手提式干粉灭火器、火盆、医疗箱</td></tr>
<tr><td>项目</td><td>实施要点</td><td>配分</td><td>完成情况</td></tr>
<tr><td rowspan="3">1. 人员安全防护</td><td>按要求穿着安全服</td><td rowspan="3">10</td><td>□是 □否</td></tr>
<tr><td>按要求戴安全帽、口罩</td><td>□是 □否</td></tr>
<tr><td>按要求穿安全鞋</td><td>□是 □否</td></tr>
<tr><td rowspan="3">2. 灭火器的检查</td><td>灭火器的有效期检查</td><td rowspan="3">10</td><td>□是 □否</td></tr>
<tr><td>灭火器的外观质量检查</td><td>□是 □否</td></tr>
<tr><td>灭火器的内部压力检查</td><td>□是 □否</td></tr>
<tr><td rowspan="4">3. 灭火器的使用</td><td>使用前，先把灭火器上下颠倒几次，使筒内干粉松动</td><td>10</td><td>□是 □否</td></tr>
<tr><td>去除灭火器的保险销
注：先拔下保险销，一手握住喷嘴，一手提起提环，握住提柄，干粉便从喷嘴喷出</td><td>10</td><td>□是 □否</td></tr>
<tr><td>灭火位置的正确度</td><td>20</td><td>□是 □否</td></tr>
<tr><td>明火是否扑灭，灭火的方法是否得当</td><td>20</td><td>□是 □否</td></tr>
<tr><td rowspan="4">4. 灭火后的处理</td><td>明火是否熄灭</td><td>5</td><td>□是 □否</td></tr>
<tr><td>着火处温度是否下降到安全范围</td><td>5</td><td>□是 □否</td></tr>
<tr><td>现场是否清理干净</td><td>5</td><td>□是 □否</td></tr>
<tr><td>废旧物品是否按规范处置</td><td>5</td><td>□是 □否</td></tr>
<tr><td>实训总结</td><td colspan="3"></td></tr>
<tr><td>教师评价</td><td colspan="3"></td></tr>
</table>

任务工单三　焊接作业防护用品的规范穿戴

姓名		班级		日期		成绩	

任务目标	1. 能正确口述各类焊接防护用品的作用； 2. 能规范穿戴焊接防护用品		
安全事项	防护用品要妥善保管，规范使用		
任务准备	防护用品：焊接工作服、焊接面罩、焊接手套、焊接护腿、安全鞋		
项目	实施要点	配分	完成情况
1. 焊接防护用品的准备与检查	焊接工作服大小是否合适、纽扣纽带等是否损耗	3	□是 □否
	焊接面罩能否调整遮光度，松紧带、松紧旋钮等是否能正常使用	3	□是 □否
	焊接手套是否破损、烧蚀，是否符合规范	3	□是 □否
	焊接护腿是否符合规范	3	□是 □否
	安全鞋是否符合规范	3	□是 □否
2. 焊接防护用品的穿戴	焊接工作服是否正确穿着，口述其作用是否正确	15	□是 □否
	焊接面罩遮光度是否调整到合适程度，松紧带、松紧旋钮紧度是否合适以及口述其作用是否正确	15	□是 □否
	安全鞋穿着是否合适，鞋后跟与脚后跟是否贴合，鞋面是否挤压脚背，口述其作用是否正确	15	□是 □否
	焊接护腿穿戴是否正确，口述其作用是否正确	15	□是 □否
	焊接手套穿戴是否正确，口述其作用是否正确	15	□是 □否
3. 现场 6S 管理	所有防护用品是否整理、规范放置	5	□是 □否
	现场是否清理干净	5	□是 □否
实训总结			
教师评价			

思考与练习

一、填空题

1. 汽车车身修复的意义在于完善车辆的整体__________，恢复车身各部位的__________，保证车辆正常使用的各项指标，尤其是__________。

2. 汽车车身修复工作区一般需要设置__________、__________、车身拆装调整作业区、和材料存放区等，以便完成事故车辆的__________、车辆零部件的__________、板件维修、车身__________、车身板件更换、安装和车身板件装配调整工作。

3. 一般情况，车身校正仪平台长为__________m，宽为2~2.5 m。为了安全，校正仪外围要有__________m的操作空间，所以，车身测量校正作业区要有足够的空间位置，一般长为__________m，宽为5~6.5 m。

4. 车身修复车间主要的工作岗类型有：__________、气动工具工作岗、__________、喷漆专用工作岗和喷漆、风动两用工作岗。

5. 汽车车身修复服务的基本流程是：__________、复查估损结果、__________、车身修复作业、涂装作业。

6. 车辆定损工作包括分析车辆的__________和计算车辆修复所需的__________。

7. 汽车车身修复作业对维修人员的伤害主要是：__________、__________、机械损伤三种。

8. 在对电动设备和工具进行维修前要先切断__________，否则会有电击危险，严重的可能致人死亡。

9. 在车下作业或者进行拉伸校正操作时要戴硬质__________，防止碰伤头部。头发过长的维修人员工作时要把头发绑好并放入安全帽中。

二、选择题

1. 车身维修车间使用压缩空气的压强一般为（　　）。

A. 0.1~0.2 MPa　　B. 0.2~0.3 MPa　　C. 0.4~0.5 MPa　　D. 0.5~0.8 MPa

2. 气体保护焊焊接时电流不能小于（　　）。

A. 12 A　　B. 13 A　　C. 14 A　　D. 15 A

3. 大功率的电阻点焊机焊接时的电流高达（　　）。

A. 10~20 A　　B. 20~30 A　　C. 30~40 A　　D. 40~50 A

4. 在每个车身修复工位需要设置多少个三孔的插座？（　　）

A. 1 个　　B. 2 个　　C. 3 个　　D. 4 个

5. 维修作业区工位的压缩空气接口至少要留出 2 个接口，在每个接口上安装有开关，然后再安装（　　）快速接头。

A. 1~2 个　　B. 2~3 个　　C. 3~4 个　　D. 4~5 个

三、思考题

1. 汽车车身修复作业对车身维修总体的要求是什么？

2. 汽车车身修复作业内容主要包括哪些？

3. 在维修车间移动车辆安全注意事项有哪些？

4. 电器维修安全注意事项有哪些？

5. 消防安全注意事项有哪些？

6. 为什么在焊接作业时要佩戴呼吸器，常用的呼吸器有哪些？

7. 腿脚的防护装置如何佩戴？

项目二　车身修复工具设备的使用与认知

任务工单一　手动工具认知和用大力钳正确固定门板皮

<table>
<tr><td>姓名</td><td></td><td>班级</td><td></td><td>日期</td><td></td><td>成绩</td><td></td></tr>
<tr><td>任务目标</td><td colspan="7">1. 能正确识别各类手动工具并口述其作用;
2. 能正确使用大力钳固定门板皮</td></tr>
<tr><td>安全事项</td><td colspan="7">1. 使用前要检查手动工具有无裂纹、碎片、毛刺等情况，如存在问题，应修理或更换后再用;
2. 操作时不要把旋具、冲子或其他尖锐的工具放到口袋里，以免刺伤自己或损坏车辆</td></tr>
<tr><td>任务准备</td><td colspan="7">防护用品：棉纱手套、安全鞋；工具：手动工具套装、各类大力钳、各式扳手、螺丝刀、钳子、铁剪刀等；辅助材料：门板皮、门板固定支架</td></tr>
<tr><td>项目</td><td colspan="5">实施要点</td><td>配分</td><td>完成情况</td></tr>
<tr><td rowspan="3">1. 人员安全防护</td><td colspan="5">按要求穿着工作服</td><td rowspan="3">10</td><td>□是 □否</td></tr>
<tr><td colspan="5">按要求戴防护手套</td><td>□是 □否</td></tr>
<tr><td colspan="5">按要求穿安全鞋</td><td>□是 □否</td></tr>
<tr><td rowspan="6">2. 手动工具认知</td><td colspan="5">大力钳的认知，口述其类型、作用和使用场合是否正确</td><td>6</td><td>□是 □否</td></tr>
<tr><td colspan="5">锤子的认知，口述其类型、作用和使用场合是否正确</td><td>6</td><td>□是 □否</td></tr>
<tr><td colspan="5">顶铁的认知，口述其类型、作用和使用场合是否正确</td><td>6</td><td>□是 □否</td></tr>
<tr><td colspan="5">手动工具套装内各种工具的认知，口述其作用和使用场合是否正确</td><td>6</td><td>□是 □否</td></tr>
<tr><td colspan="5">各式扳手、螺丝刀、钳子、铁剪刀的认知，口述其作用和使用场合是否正确</td><td>6</td><td>□是 □否</td></tr>
<tr><td colspan="5">口述车身修复手动工具的安全操作规范</td><td>10</td><td>□是 □否</td></tr>
<tr><td rowspan="4">3. 使用大力钳固定门板皮</td><td colspan="5">大力钳类型选择是否合适</td><td>10</td><td>□是 □否</td></tr>
<tr><td colspan="5">大力钳调整是否合适</td><td>10</td><td>□是 □否</td></tr>
<tr><td colspan="5">大力钳夹持位置是否合适</td><td>10</td><td>□是 □否</td></tr>
<tr><td colspan="5">门板皮固定是否牢固、是否有较大变形</td><td>10</td><td>□是 □否</td></tr>
<tr><td rowspan="4">4. 现场 6S 管理</td><td colspan="5">操作过程中工量具、工件是否掉落或落地</td><td>2.5</td><td>□是 □否</td></tr>
<tr><td colspan="5">零部件摆放是否不当，或摆放是否存在安全隐患</td><td>2.5</td><td>□是 □否</td></tr>
<tr><td colspan="5">操作完成后设备、工量具是否清洁或归位</td><td>2.5</td><td>□是 □否</td></tr>
<tr><td colspan="5">是否清洁场地</td><td>2.5</td><td>□是 □否</td></tr>
<tr><td>实训总结</td><td colspan="7"></td></tr>
<tr><td>教师评价</td><td colspan="7"></td></tr>
</table>

任务工单二　常用气动工具的认知与使用

姓名		班级		日期		成绩	

任务目标	1. 能正确识别各类气动工具并口述其作用; 2. 能正确安装与使用气动盘式打磨机、气动切割锯、气动环带打磨机、气动焊点去除钻		
安全事项	1. 注意用气安全，压缩空气严禁对人; 2. 使用冲击性气动工具时，须把工具置于工作状态后，方可通气		
任务准备	工具：工具车和零件车、气动环带打磨机、气动盘式打磨机、气动切割锯、气动焊点去除钻；防护用品：工作服、手套、安全鞋、耳罩、口罩、面罩、护目镜；辅助材料：砂带、圆盘砂纸、锯片、平头钻头、工件、台虎钳、抹布等		
项目	实施要点	配分	完成情况
1. 人员安全防护	穿着工作服	10	□是 □否
	穿戴防护手套、安全防护鞋		□是 □否
	戴耳罩、口罩、面罩、护目镜		□是 □否
2. 气动工具认知	气动环带打磨机认知，口述其作用和使用场合是否正确	8	□是 □否
	气动盘式打磨机认知，口述其作用和使用场合是否正确	8	□是 □否
	气动切割锯认知，口述其作用和使用场合是否正确	8	□是 □否
	气动焊点去除钻，口述其作用和使用场合是否正确	8	□是 □否
	口述车身修复气动工具的安全操作规范	8	□是 □否
3. 气动工具安装与使用	气动环带打磨机砂纸安装与使用是否正确	10	□是 □否
	气动盘式打磨机圆盘砂纸与使用是否正确	10	□是 □否
	气动切割锯的锯片安装与使用是否正确	10	□是 □否
	气动焊点去除钻的钻头安装与使用是否正确	10	□是 □否
4. 现场 6S 管理	操作过程中工量具、工件是否掉落或落地	2.5	□是 □否
	零部件摆放是否不当，或摆放是否存在安全隐患	2.5	□是 □否
	操作完成后设备、工量具是否清洁或归位	2.5	□是 □否
	是否清洁场地	2.5	□是 □否
实训总结			
教师评价			

任务工单三　认识 MAG 焊和电阻点焊设备

姓名		班级		日期		成绩	

任务目标	1. 能正确描述 MAG 焊和电阻点焊设备的用途; 2. 能正确描述 MAG 焊和电阻点焊设备的各功能按钮的作用		
安全事项	1. 注意用气安全，压缩空气严禁对人; 2. 注意用电安全		
任务准备	工具: MAG 焊接设备、电阻点焊设备; 防护用品: 焊接服、手套、安全鞋、耳罩、口罩、面罩、护目镜; 辅助材料: 试焊片、焊接架、大力钳等		
项目	实施要点	配分	完成情况
1. 人员安全防护	穿着焊接服	10	□是 □否
	穿戴防护手套、安全防护鞋		□是 □否
	戴耳罩、口罩、面罩、护目镜		□是 □否
2. 认识 MAG 焊接设备	检查 MAG 焊接设备是否完好，保护气瓶是否漏气，导电嘴、护套等是否损坏	5	□是 □否
	电源打开后，检查焊枪出丝运行是否正常，焊机是否过热等	5	□是 □否
	打开气体流量控制阀门，检查阀门是否漏气，调整流量到合适值	5	□是 □否
	焊接电流调整、送丝速度调整是否正确	5	□是 □否
	搭铁是否正确	5	□是 □否
	是否进行试焊	5	□是 □否
	口述 MAG 焊机的用途和操作规范是否正确	10	□是 □否
3. 认识电阻点焊设备	口述电阻点焊设备控制面板按钮名称是否正确	5	□是 □否
	检查电阻点焊设备是否完好以及电极头是否对中、端面是否有焊渣或偏磨	5	□是 □否
	调整电阻电焊机气压或气管气压	5	□是 □否
	电阻点焊模式选择、焊接电流调整、焊接时间调整是否合适	5	□是 □否
	搭铁是否正确	5	□是 □否
	是否进行试焊	5	□是 □否
	口述电阻点焊机的用途和操作规范是否正确	10	□是 □否
4. 现场 6S 管理	操作过程中工量具、工件是否掉落或落地	2.5	□是 □否
	零部件摆放是否不当，或摆放是否存在安全隐患	2.5	□是 □否
	操作完成后设备、工量具是否清洁或归位	2.5	□是 □否
	是否清洁场地	2.5	□是 □否
实训总结			
教师评价			

任务工单四　使用车身外形修复机焊接介子片

姓名		班级		日期		成绩	
任务目标	1. 能正确描述车身外形修复机控制面板按钮名称和作用; 2. 能正确使用车身外形修复机焊接各种介子						
安全事项	1. 注意用气安全，压缩空气严禁对人; 2. 注意用电安全						
任务准备	工具：车身外形修复机、圆盘打磨机、圆环形介子、OT 焊片、蛇形焊拉条、各种焊头等；防护用品：工作服、手套、安全鞋、耳罩、口罩、面罩、护目镜；辅助材料：试焊片、支架、门板、大力钳等						

项目	实施要点	配分	完成情况
1. 人员安全防护	穿戴工作服	4	□是 □否
	穿戴防护手套、安全防护鞋		□是 □否
	戴耳罩、口罩、面罩、护目镜		□是 □否
2. 认识外形修复机	口述车身外形修复机控制面板按钮名称和作用是否正确	6	□是 □否
	口述车身外形修复机的用途和操作规范是否正确	6	□是 □否
3. 焊接圆环形片	打开电源开关后，检查修复机是否正常	4	□是 □否
	打磨焊接部位的油漆方法是否正确，是否打磨干净	4	□是 □否
	在离凹陷较近的区域打磨一小块裸露的区域，供搭铁用	4	□是 □否
	电流挡位、时间挡位和工作模式挡位调整是否正确	4	□是 □否
	搭铁是否正确	4	□是 □否
	圆环形介子片焊接力度是否合适，是否进行试焊	4	□是 □否
	圆环形介子片取下时门板是否变形和破损	4	□是 □否
	口述圆环形介子片的使用场合是否正确	6	□是 □否
4. 焊接 OT 焊片	电流挡位、时间挡位和工作模式挡位调整是否正确	4	□是 □否
	圆环形介子片焊接力度是否合适，是否进行试焊	4	□是 □否
	圆环形介子片取下时门板是否变形和破损	4	□是 □否
	口述圆环形介子片的使用场合是否正确	6	□是 □否
5. 焊接蛇形焊拉条	电流挡位、时间挡位和工作模式挡位调整是否正确	4	□是 □否
	蛇形焊拉条焊头选择是否正确	4	□是 □否
	蛇形焊拉条焊接力度是否合适，是否进行试焊	4	□是 □否
	蛇形焊拉条取下时门板是否变形和破损	4	□是 □否
	口述蛇形焊拉条的使用场合是否正确	6	□是 □否
6. 现场 6S 管理	操作过程中工量具、工件是否掉落或落地	2.5	□是 □否
	零部件摆放是否不当，或摆放是否存在安全隐患	2.5	□是 □否
	操作完成后设备、工量具是否清洁或归位	2.5	□是 □否
	是否清洁场地	2.5	□是 □否
实训总结			
教师评价			

思考与练习

一、填空题

1. 掌握工具的__________使用知识，阅读厂商的__________，并只在该工具适用的工作范围中使用工具。如不要将锉刀或旋具当敲击工具，否则可能造成断裂__________。

2. 手动工具要保持__________、__________、__________的良好工作状况，安全有条理地放置在工具柜或工具箱中。工具应当尽可能保持其原始状态。受损或破裂的工具，绝不使用。

3. 在进行任何操作时不要把__________、__________或其他尖锐的手动工具放到口袋里，以免刺伤自己或损坏车辆。

4. 手动工具在车身修复作业中运用非常广泛，类型分__________工具和车身修复__________工具两种。

5. 大力钳的开口大小通过尾部的__________来调整。

6. 修理和维护气动工具前，应先__________工具的压缩空气软管。

7. 研磨修整时，应慢慢研磨，避免工具表面的__________金属过热。

8. 气动工具都有__________的极限警示。

9. 使用冲击性气动工具（风锤，风镐、风铲、风枪等）时，必须把工具置于__________，方可通气。

10. 气动工具主要是利用__________带动气动马达而对外输出动能工作的一种工具，根据其基本工作方式可分为：__________、__________。

11. 焊接是通过__________、__________，或两者并用，并且用或不用填充材料的方式，使工件共同熔化，最后结合在一起的方法，既可用于金属，也可用于非金属。

12. 电阻点焊属于__________中的电阻焊类型，是利用电极头将焊接工件压紧，通过两极之间__________电压__________电流流过被焊接工件产生的电阻热将焊接工件加热至熔化，利用电极的挤压力把它们熔合在一起的焊接方式。

13. 水冷式电阻电焊机主要由__________、__________、__________及水、电、气等辅助装置组成。

二、选择题

1. 下列属于车身修复作业常用锤子的是（　　）。

A. 圆头锤　　B. 橡皮锤　　C. 收缩锤　　D. 冲击锤

2. 下列属于常用大力钳类型的是（　　）。

A. C 形大力钳　　B. 直嘴形大力钳　　C. 扁嘴形大力钳　　D. U 形大力钳

3. 下列属于气动盘式打磨机优点的是（　　）。

A. 体积小　　B. 操作角度灵活　　C. 转速低　　D. 振动大

4. 下列为旋转式气动工具的有（　　）。

A. 气动风炮　B. 气动环带打磨机　　C. 气动切割锯　　D. 气动盘式打磨机

三、思考题

1. 请写出手动工具的安全操作规范。

2. 汽车车身修复常用的大力钳有哪些类型？主要使用在哪些场合？

3. 气动工具的安全操作步骤是什么？

4. 气动盘式打磨机的使用方法是什么？

5. 如何使用气动焊点去除钻？

6. MAG 焊采用的哪几种气体混合？混合气体的比例是多少？混合气体对焊接的作用是什么？

7. 电阻点焊与气体保护焊比有哪些优点？

项目三　轿车车身结构认知

任务工单一　汽车车身类型识别

姓名		班级		日期		成绩	
任务目标	1. 能正确识别各类汽车车身类型； 2. 能正确测量汽车规格参数						
安全事项	注意爱护和保护车辆						
任务准备	场地：车身修复实训车间、学校停车场；车辆：轿车、MPV、SUV；防护用品：工作服、棉纱手套、安全鞋、抹布；工具：卷尺、角度尺						

项目	实施要点	配分	完成情况
1. 人员安全防护	穿戴工作服	8	□是 □否
	穿戴防护手套		□是 □否
	穿安全鞋		□是 □否
2. 识别车辆类型	口述各类车辆的类型是否正确	7	□是 □否
	口述各类车辆特点是否正确	7	□是 □否
3. 识别轿车车身结构	口述轿车车身结构及特点是否正确	7	□是 □否
	测量轿车总长、总高、总宽、轴距、前后轮距是否正确	8	□是 □否
	测量轿车最小离地间隙、接近角、离去角、纵向通过角、前悬、后悬是否正确	8	□是 □否
4. 识别 MPV 车身结构	口述 MPV 车身结构及特点是否正确	8	□是 □否
	测量 MPV 总长、总高、总宽、轴距、前后轮距是否正确	8	□是 □否
	测量 MPV 最小离地间隙、接近角、离去角、纵向通过角、前悬、后悬是否正确	8	□是 □否
5. 识别 SUV 车身结构	口述 SUV 车身结构及特点是否正确	7	□是 □否
	测量 SUV 总长、总高、总宽、轴距、前后轮距是否正确	8	□是 □否
	测量 SUV 最小离地间隙、接近角、离去角、纵向通过角、前悬、后悬是否正确	8	□是 □否
6. 现场 6S 管理	操作过程中工量具是否掉落或落地	2	□是 □否
	操作完成后设备、工量具是否清洁或归位	2	□是 □否
	是否清洁车辆	2	□是 □否
	是否清洁场地	2	□是 □否
实训总结			
教师评价			

任务工单二　车架式车身结构认知

姓名		班级		日期		成绩	

任务目标	1. 能正确识别车架式车身的结构； 2. 能正确识别车架式车身的组成，口述其结构特点		
安全事项	注意爱护和保护车辆		
任务准备	场地：车身修复实训车间；主要设备：车架式车身；防护用品：工作服、棉纱手套、安全鞋、抹布；主要工具：笔、卡片、双面胶		
项目	实施要点	配分	完成情况
1. 人员安全防护	穿戴工作服	9	□是 □否
	穿戴防护手套、安全鞋		□是 □否
2. 观察车架式车身	车架式车身识别是否正确	9	□是 □否
	车架式车身的三个厢识别是否正确	9	□是 □否
	口述车架式车身三个舱的作用是否正确	9	□是 □否
	口述车架式车身的特点是否正确	9	□是 □否
3. 观察车身前部、中部和后部	口述车身前部作用，标识组成部分是否正确	9	□是 □否
	口述车身中部作用，标识组成部分是否正确	9	□是 □否
	口述车身后部作用，标识组成部分是否正确	9	□是 □否
4. 观察车身有凹槽与孔洞处	识别前车身吸能区，标识是否正确	9	□是 □否
	识别后车身吸能区，标识是否正确	9	□是 □否
5. 现场6S管理	操作过程中工量具是否掉落或落地	2.5	□是 □否
	操作完成后设备、工量具是否清洁或归位	2.5	□是 □否
	是否清洁车辆	2.5	□是 □否
	是否清洁场地	2.5	□是 □否
实训总结			
教师评价			

任务工单三　整体式车身结构认知

<table>
<tr><td>姓名</td><td></td><td>班级</td><td></td><td>日期</td><td></td><td>成绩</td><td></td></tr>
<tr><td>任务目标</td><td colspan="7">1. 能正确识别整体式车身的各种类型和结构；
2. 能识别 FR 和 FF 车身主要组成部件及相互位置关系，口述其结构特点</td></tr>
<tr><td>安全事项</td><td colspan="7">注意爱护和保护车辆</td></tr>
<tr><td>任务准备</td><td colspan="7">场地：车身修复实训车间；设备：FR 整体式车身、FF 整体式车身；防护用品：工作服、棉纱手套、安全鞋、抹布；主要工具：笔、卡片、双面胶</td></tr>
<tr><td>项目</td><td colspan="5">实施要点</td><td>配分</td><td>完成情况</td></tr>
<tr><td rowspan="2">1. 人员安全防护</td><td colspan="5">穿戴工作服</td><td rowspan="2">4</td><td>□是 □否</td></tr>
<tr><td colspan="5">穿戴防护手套、安全鞋</td><td>□是 □否</td></tr>
<tr><td rowspan="2">2.FR、FF 车身</td><td colspan="5">FR、FF 车身识别是否正确</td><td>4</td><td>□是 □否</td></tr>
<tr><td colspan="5">口述 FR、FF 车身特点是否正确</td><td>4</td><td>□是 □否</td></tr>
<tr><td rowspan="2">3. 前防撞梁</td><td colspan="5">FR、FF 车身前防撞梁标识是否正确</td><td>4</td><td>□是 □否</td></tr>
<tr><td colspan="5">口述车身前防撞梁的作用是否正确</td><td>4</td><td>□是 □否</td></tr>
<tr><td rowspan="2">4. 前纵梁、横梁</td><td colspan="5">FR、FF 车身前纵梁、前横梁标识是否正确</td><td>4</td><td>□是 □否</td></tr>
<tr><td colspan="5">口述 FR、FF 前纵梁、前横梁的作用是否正确</td><td>4</td><td>□是 □否</td></tr>
<tr><td rowspan="2">5. 减振器支架</td><td colspan="5">FR、FF 车身减振器支架标识是否正确</td><td>4</td><td>□是 □否</td></tr>
<tr><td colspan="5">口述 FR、FF 车身减振器支架的作用是否正确</td><td>4</td><td>□是 □否</td></tr>
<tr><td rowspan="2">6. FR 变速器位置</td><td colspan="5">FR 车身变速器传动轴盖板的上部、下部标识是否正确</td><td>4</td><td>□是 □否</td></tr>
<tr><td colspan="5">口述 FR 车身变速器盖板的上部、下部的作用是否正确</td><td>4</td><td>□是 □否</td></tr>
<tr><td rowspan="2">7. FF 车身车底盖板</td><td colspan="5">FF 车身车底盖板的上部、下部标识是否正确</td><td>4</td><td>□是 □否</td></tr>
<tr><td colspan="5">口述 FF 车身车底盖板的上部、下部的作用是否正确</td><td>4</td><td>□是 □否</td></tr>
<tr><td rowspan="2">8. 后防撞梁</td><td colspan="5">车身后防撞梁标识是否正确</td><td>4</td><td>□是 □否</td></tr>
<tr><td colspan="5">口述后防撞梁的作用是否正确</td><td>4</td><td>□是 □否</td></tr>
<tr><td rowspan="2">9. 门槛板</td><td colspan="5">车身的门槛板标识是否正确</td><td>4</td><td>□是 □否</td></tr>
<tr><td colspan="5">口述门槛板的维修方法是否正确</td><td>4</td><td>□是 □否</td></tr>
<tr><td rowspan="2">10. 中立柱</td><td colspan="5">车身的中立柱标识是否正确</td><td>4</td><td>□是 □否</td></tr>
<tr><td colspan="5">口述车身的中立柱的维修方法是否正确</td><td>4</td><td>□是 □否</td></tr>
<tr><td rowspan="2">11. 行李厢底板</td><td colspan="5">车身行李厢底板标识是否正确</td><td>4</td><td>□是 □否</td></tr>
<tr><td colspan="5">口述车身行李厢底板的作用是否正确</td><td>4</td><td>□是 □否</td></tr>
<tr><td rowspan="2">12. 凹槽与孔洞处</td><td colspan="5">识别前车身吸能区，并确认标识是否正确</td><td>4</td><td>□是 □否</td></tr>
<tr><td colspan="5">识别后车身吸能区，并确认标识是否正确</td><td>4</td><td>□是 □否</td></tr>
<tr><td rowspan="2">13. 现场 6S 管理</td><td colspan="5">操作完成后设备、工量具是否清洁或归位</td><td>4</td><td>□是 □否</td></tr>
<tr><td colspan="5">是否清洁车辆、场地</td><td>4</td><td>□是 □否</td></tr>
<tr><td>实训总结</td><td colspan="7"></td></tr>
<tr><td>教师评价</td><td colspan="7"></td></tr>
</table>

思考与练习

一、填空题

1. 按客车的总重量和座位数通常分为大、中、小型。根据车长可分为：小型客车L__________6 m，中型客车L=__________m，大型客车L=__________m，铰接式客车＞__________m。

2. 普通轿车一般有__________座和__________座，适合4人或6人乘坐，并可分为2门和4门轿车。

3. 硬顶轿车有前座和后座，金属顶盖，通常以没有门柱或有B立柱为特征。它也可以分为__________门和__________门轿车。

4. 按车身壳体的结构形式分为__________车身和__________车身两种类型，按车身的受力情况分为__________车身和__________车身两种类型。

5. 车架式车身的车架常见的有__________、__________和__________三种类型。

6. 轴距是指汽车同侧相邻前后两轴__________之间的距离，或是前、后车轮__________之间的距离，是反映一部汽车__________最重要的参数。

7. __________是指汽车最前端至通过前轴轴线的垂面间的距离，__________是指汽车最后端至通过后轴轴线的垂面间的距离。

8. __________是车架式车身基础，它是一个高强度构架，车身和汽车上所有主要零部件都固定安装在车架上。车架必须有足够的强度承受汽车运行时的各种__________，甚至在发生碰撞时，仍能保持汽车其他部件的正常位置。

9. 为加强车架强度和刚性，现代汽车的车架采用__________强度钢，纵梁截面通常是__________形槽截面或__________形截面，碰撞时能吸收大量的能量。

10. 车架式的前车身由__________、__________和__________组成，用螺栓安装，易于分解。

11. 车门大致分为__________、__________和__________三种。

12. 根据驱动方式的不同，整体式车身结构常见的有__________、__________、__________三种基本类型。

13. 整体式车身由于整个车身与车架合成一体，它没有单独的__________，整个车身是由冲压成不同形状的薄钢板件用电阻点焊连接成一个整体，具有良好的__________和__________的性能。

二、选择题

1. 为保证交通畅通和行车安全，公路运输车辆的外廓尺寸都不得超过法规范围。我国对公路车辆的尺寸限制是：总高不大于（　　）。

A. 6 m　　B. 5 m　　C. 4 m　　D. 3 m

2. 旅行车分为（　　）两种类型。

A. 3 门和 5 门　　B. 5 门和 7 门　　C. 1 门和 3 门　　D. 7 门和 9 门

3. 紧凑型车型的轴距范围为（　　）。

A. 轴距在 2 400 mm 以下　　B. 轴距在 2 400~2 550 mm

C. 轴距在 2 550~2 700 mm　　D. 轴距在 2 850~3 000 mm

三、思考题

1. 简述车架式车身的特点。

2. 车架式车身的前翼子板与整体式车身的前翼子板不同之处在哪里？优势在哪里？

3. 简述整体式车身结构的特点。

4. 简述非承载式车身和承载式车身的特点。

5. 什么是车身接近角、车身离去角和纵向通过角？

项目四　汽车车身材料认知

任务工单一　认识车身钢铁材料

姓名		班级		日期		成绩	
任务目标	1. 能根据颜色辨别车身不同部位采用的钢材类型; 2. 能口述各类钢材的特点和维修方法						
安全事项	注意爱护和保护车辆						
任务准备	场地：车身修复实训车间；主要设备：彩色车身；防护用品：工作服、棉纱手套、安全鞋、抹布；主要工具：笔、卡片、双面胶						

项目	实施要点	配分	完成情况
1. 人员安全防护	穿戴工作服	5	□是 □否
	穿戴防护手套、安全鞋		□是 □否
2. 观察彩色车身	彩色车身不同部位材料识别是否正确	5	□是 □否
	口述各类钢材的特点和维修方法是否正确	5	□是 □否
3. 观察车身前隔板	材料识别是否正确	5	□是 □否
	口述材料的特点和维修方法是否正确	5	□是 □否
	口述车身前隔板作用是否正确	5	□是 □否
4. 观察车身侧围板	材料识别是否正确	2.5	□是 □否
	口述材料的特点和维修方法是否正确	2.5	□是 □否
	口述车身侧围板作用是否正确	5	□是 □否
5. 观察车身门槛板	材料识别是否正确	5	□是 □否
	口述材料的特点和维修方法是否正确	5	□是 □否
	口述车身门槛板作用是否正确	5	□是 □否
6. 观察车身 B 柱	车身 B 柱下端材料识别是否正确	5	□是 □否
	口述车身 B 柱下端材料的特点和维修方法是否正确	5	□是 □否
	车身 B 柱中间加强板材料识别是否正确	5	□是 □否
	口述 B 柱中间加强板材料的特点和维修方法是否正确	5	□是 □否
	车身 B 柱内侧材料识别是否正确	5	□是 □否
	口述车身 B 柱内侧材料的特点和维修方法是否正确	5	□是 □否
	口述车身 B 柱作用是否正确	5	□是 □否
7. 现场 6S 管理	操作完成后设备、工量具是否清洁或归位	5	□是 □否
	是否清洁车辆、场地	5	□是 □否
实训总结			
教师评价			

任务工单二　认识车身铝合金材料

<table>
<tr><td>姓名</td><td></td><td>班级</td><td></td><td>日期</td><td></td><td>成绩</td><td></td></tr>
<tr><td>任务目标</td><td colspan="7">1. 能根据颜色辨别车身不同部位采用的铝合金类型；
2. 能口述各类铝合金的特点</td></tr>
<tr><td>安全事项</td><td colspan="7">注意爱护和保护车辆</td></tr>
<tr><td>任务准备</td><td colspan="7">场地：车身修复实训车间；主要设备：彩色车身；防护用品：工作服、棉纱手套、安全鞋、抹布；工具：笔、卡片、双面胶、铝片、钢片、钢丝钳</td></tr>
<tr><td>项目</td><td colspan="5">实施要点</td><td>配分</td><td>完成情况</td></tr>
<tr><td rowspan="2">1. 人员安全防护</td><td colspan="5">穿戴工作服</td><td rowspan="2">10</td><td>□是 □否</td></tr>
<tr><td colspan="5">穿戴防护手套、安全鞋</td><td>□是 □否</td></tr>
<tr><td rowspan="2">2. 观察彩色车身</td><td colspan="5">彩色车身铝合金部位识别是否正确</td><td>15</td><td>□是 □否</td></tr>
<tr><td colspan="5">口述铝合金类型、特点和维修方法是否正确</td><td>15</td><td>□是 □否</td></tr>
<tr><td rowspan="3">3. 铝片、钢片材料对比试验</td><td colspan="5">用手掂量尺寸规格相同的铝片和钢片，口述对比结果</td><td>15</td><td>□是 □否</td></tr>
<tr><td colspan="5">用钢丝钳分别对铝片和钢片进行破坏，口述对比结果</td><td>15</td><td>□是 □否</td></tr>
<tr><td colspan="5">口述铝合金和钢材维修方法的区别是否正确</td><td>20</td><td>□是 □否</td></tr>
<tr><td rowspan="2">4. 现场 6S 管理</td><td colspan="5">操作完成后设备、工量具是否清洁或归位</td><td>5</td><td>□是 □否</td></tr>
<tr><td colspan="5">是否清洁车辆、场地</td><td>5</td><td>□是 □否</td></tr>
<tr><td>实训总结</td><td colspan="7"></td></tr>
<tr><td>教师评价</td><td colspan="7"></td></tr>
</table>

任务工单三　认识车身非金属材料

<table>
<tr><td>姓名</td><td></td><td>班级</td><td></td><td>日期</td><td></td><td>成绩</td><td></td></tr>
<tr><td>任务目标</td><td colspan="7">1. 能正确识别热塑性、热固性塑料件，并口述其在车身上应用的优点；
2. 能正确识别汽车玻璃件，并口述其类型以及在车身上应用的优点；
3. 能正确识别汽车复合材料件，并口述其类型以及在车身上应用的优点</td></tr>
<tr><td>安全事项</td><td colspan="7">注意爱护和保护车辆</td></tr>
<tr><td>任务准备</td><td colspan="7">场地：车身修复实训车间；主要设备：汽车整车；防护用品：工作服、棉纱手套、安全鞋、抹布；工具：笔、卡片、双面胶</td></tr>
<tr><td>项目</td><td colspan="5">实施要点</td><td>配分</td><td>完成情况</td></tr>
<tr><td rowspan="2">1. 人员安全防护</td><td colspan="5">穿戴工作服</td><td rowspan="2">10</td><td>□是 □否</td></tr>
<tr><td colspan="5">穿戴防护手套、安全鞋</td><td>□是 □否</td></tr>
<tr><td rowspan="2">2. 识别汽车热固性塑料件</td><td colspan="5">热固性塑料件部位识别是否正确</td><td>8</td><td>□是 □否</td></tr>
<tr><td colspan="5">口述热固性塑料件在车身上应用优点是否正确</td><td>8</td><td>□是 □否</td></tr>
<tr><td rowspan="2">3. 识别汽车热塑性塑料件</td><td colspan="5">热塑性塑料件部位识别是否正确</td><td>8</td><td>□是 □否</td></tr>
<tr><td colspan="5">口述热塑性塑料件在车身上应用优点是否正确</td><td>8</td><td>□是 □否</td></tr>
<tr><td rowspan="3">4. 识别汽车玻璃件</td><td colspan="5">汽车玻璃件部位识别是否正确</td><td>8</td><td>□是 □否</td></tr>
<tr><td colspan="5">口述汽车玻璃件的种类是否正确</td><td>8</td><td>□是 □否</td></tr>
<tr><td colspan="5">口述汽车玻璃件在车身上应用优点是否正确</td><td>8</td><td>□是 □否</td></tr>
<tr><td rowspan="3">5. 识别汽车复合材料件</td><td colspan="5">汽车复合材料件部位识别是否正确</td><td>8</td><td>□是 □否</td></tr>
<tr><td colspan="5">口述汽车复合材料件的种类是否正确</td><td>8</td><td>□是 □否</td></tr>
<tr><td colspan="5">口述汽车复合材料件在车身上应用优点是否正确</td><td>8</td><td>□是 □否</td></tr>
<tr><td rowspan="2">6. 现场 6S 管理</td><td colspan="5">操作完成后设备、工量具是否清洁或归位</td><td>5</td><td>□是 □否</td></tr>
<tr><td colspan="5">是否清洁车辆、场地</td><td>5</td><td>□是 □否</td></tr>
<tr><td>实训总结</td><td colspan="7"></td></tr>
<tr><td>教师评价</td><td colspan="7"></td></tr>
</table>

思考与练习

一、填空题

1. 低碳钢在车身上的应用较多。低碳钢含碳量__________较__________，便于进行加工、整形、焊接成形等，但由于低碳钢强度__________、容易变形，要达到足够的强度需采用较厚的板材，所以导致汽车车身较__________。

2. 钢材的热处理通常可分为四类：__________处理、__________处理、__________处理和退火处理，不同热处理方式可以获得不同的金属性能。

3. 铝合金材料，它具有质量__________、耐腐蚀性__________等优点，是仅次于钢铁材料的金属材料。

4. 铝合金可与空气中的氧气形成致密而稳定的__________，具有良好的__________，即使在酸性介质中也具有良好的耐蚀性。

5. 汽车车身用铝合金零件主要用于__________、__________、液压成形板材覆盖件等。

6. 塑料是一种高分子材料，用在汽车上不但可以提高汽车造型的__________与设计的__________，而且还可以大幅__________汽车重量、__________汽车的能耗。

7. 塑料的种类很多，按其热性能不同可分为__________塑料和__________塑料。

8. 汽车玻璃主要为汽车提供__________、__________和__________的作用，并且能承受较强的冲击力，是汽车车身附件重要组成部分。

9. 汽车玻璃根据用途和加工工艺，主要分为__________玻璃、__________玻璃和特殊功能玻璃等。

10. 钢化玻璃是将玻璃加热到接近软化温度时（一般为600℃左右）进行急冷__________处理而成的玻璃制品。钢化玻璃具有较强的耐__________和较好的__________。

11. 车身复合材料是由__________种或__________种以上化学性质不同的组分人工合成的材料，其结构为多相，一类组成相为基体，起黏结作用；另一类组成相为增强相，用以__________材料的机械性能和提高材料的比强度、比刚度等。

12. 车身非金属复合材料常见的类型为__________复合材料和__________增强复合材料。

13. 碳纤维作为汽车材料，最大的优点是__________、__________。

二、思考题

1. 简述汽车构件对车身钢材的性能要求。

2. 车身钢材修理注意事项是什么？

3. 简述汽车构件对车身铝合金型材的性能要求。

4. 铝合金的特性是什么？

5. 铝合金板材和钢铁板材在维修中有什么区别?

6. 塑料的特性是什么?

7. 什么是热塑性塑料?热塑性塑料的特点是什么?请举 3 例汽车上热塑性塑料部件。

8. 什么是热固性塑料?热固性塑料的特点是什么?请举 3 例汽车上热固性塑料部件。

9. 碳纤维有哪些优点?

项目五　车身典型部件的拆装与更换

任务工单一　更换别克威朗前保险杠总成

<table>
<tr><td>姓名</td><td></td><td>班级</td><td></td><td>日期</td><td></td><td>成绩</td><td></td></tr>
<tr><td>任务目标</td><td colspan="7">1. 能选用合适的工具对塑料膨胀卡扣、紧固螺钉进行规范拆装；
2. 能独立或小组合作完成前保险杠的更换与检查</td></tr>
<tr><td>安全事项</td><td colspan="7">1. 未经许可，严禁随意举升车辆。
2. 举升车辆时，除操作人员，所有人员必须站在黄线以外。
3. 未经许可，严禁发动车辆。
4. 规范操作，严禁采用粗暴的方式进行拆装</td></tr>
<tr><td>任务准备</td><td colspan="7">场地：车身修复实训车间；设备、技术资料：别克威朗整车、别克威朗维修手册及相关技术资料；防护用品：工作服、棉线手套、安全鞋、抹布等；工具：工具箱、塑料翘板</td></tr>
<tr><td>项目</td><td colspan="5">实施要点</td><td>配分</td><td>完成情况</td></tr>
<tr><td colspan="8">一、操作前准备</td></tr>
<tr><td>1. 查手册</td><td colspan="5">查阅别克威朗维修手册、相关技术资料</td><td>2</td><td>□是 □否</td></tr>
<tr><td rowspan="3">2. 人员、车辆防护</td><td colspan="5">穿戴工作服、防护手套、安全防护鞋</td><td>2</td><td>□是 □否</td></tr>
<tr><td colspan="5">安装车轮挡块、车内和车外防护套等车辆防护用品</td><td>2</td><td>□是 □否</td></tr>
<tr><td colspan="5">检查车辆驻车情况，并将变速器置于 P 挡或空挡位置</td><td>2</td><td>□是 □否</td></tr>
<tr><td rowspan="2">3. 支撑发动机盖</td><td colspan="5">打开左前门，拉起发动机盖锁控制拉杆</td><td>2</td><td>□是 □否</td></tr>
<tr><td colspan="5">将发动机盖微微拉起以便手伸进缝隙中，用手顶起发动机盖锁总成活动扣，支撑杆插入发动机罩</td><td>2</td><td>□是 □否</td></tr>
<tr><td>4. 断电</td><td colspan="5">断开蓄电池负极</td><td>2</td><td>□是 □否</td></tr>
<tr><td>5. 贴护</td><td colspan="5">在与保险杠贴近前翼子板、前大灯的边缘贴上胶带纸</td><td>2</td><td>□是 □否</td></tr>
<tr><td colspan="8">二、拆卸前左、右轮胎</td></tr>
<tr><td>1. 松螺栓</td><td colspan="5">拧松车轮螺栓时为防止轮胎打滑，车轮不能离开地面</td><td>3</td><td>□是 □否</td></tr>
<tr><td>2. 拆轮胎</td><td colspan="5">拧松车轮螺栓后，举升车辆到合适位置，拆卸左右轮胎</td><td>3</td><td>□是 □否</td></tr>
<tr><td colspan="8">三、拆卸前保险杠</td></tr>
<tr><td>1. 拆卸上固定件</td><td colspan="5">用翘板拆除卡扣，拆卸前保险上左、右固定件。
注：卡扣为塑料件，拆卸时用力要适度，避免损坏</td><td>3</td><td>□是 □否</td></tr>
<tr><td>2. 拆卸上部螺栓</td><td colspan="5">用套筒扳手拆卸前保险杠上部螺栓。
注：拧松螺栓时，套筒扳手与螺栓保持垂直，防止损坏</td><td>3</td><td>□是 □否</td></tr>
<tr><td>3. 拆轮罩衬板螺栓</td><td colspan="5">用套筒扳手拆卸前轮罩左、右衬板螺栓。
注：拧松螺栓时，套筒扳手与螺栓保持垂直，防止损坏</td><td>3</td><td>□是 □否</td></tr>
<tr><td>4. 升车</td><td colspan="5">举升车辆至合适位置</td><td>3</td><td>□是 □否</td></tr>
<tr><td>5. 拆卸底部螺栓</td><td colspan="5">用套筒扳手拆卸前保险杠底部固定螺栓。
注：拧松螺栓时，套筒扳手与螺栓保持垂直，防止损坏</td><td>3</td><td>□是 □否</td></tr>
<tr><td rowspan="3">6. 将前保险杠与支撑架脱离</td><td colspan="5">双手扶住保险杠底端，往外轻拉，将底端松开</td><td>3</td><td rowspan="3">□是 □否</td></tr>
<tr><td colspan="5">将前保险杠蒙皮微微往上提，使保险杠蒙皮与大灯座卡扣与大灯座卡槽脱开；
注：卡扣为塑料件，不要强行用力，否则会损坏卡扣</td><td>5</td></tr>
<tr><td colspan="5">双手扶住前保险杠端角，往外侧轻拉，并使用塑料工具将固定凸舌从前保险杠外导板上松开</td><td>5</td></tr>
<tr><td>7. 移出保险杠</td><td colspan="5">二人配合，沿车头相反方向平行向前从导向件中推出保险杠。移出时，二人配合要默契，要同步</td><td>5</td><td>□是 □否</td></tr>
</table>

姓名		班级		日期		成绩	

项目	实施要点	配分	完成情况
四、前保险杠的安装与检查			
1. 装配前保险杠	① 2 人配合将保险杠总成沿车头方向装入; ②将固定凸舌小心推入到前保险杠蒙皮导板中; ③前保险杠上定位孔装入支架定位销	5	□是 □否
2. 装底部螺栓	选用________号棘轮扳手,________号内花键; 紧固力矩________N·m	3	□是 □否
3. 装底部外侧螺栓	选用________号棘轮扳手,________号套筒; 紧固力矩________N·m	3	□是 □否
4. 装前保险杠固定螺栓	①向左打方向盘，拆卸衬板右侧螺栓; ②选用________号棘轮扳手,________号套筒, 紧固力矩________N·m	3	□是 □否
5. 装轮罩衬板螺栓	选用________号棘轮扳手,________号套筒, 紧固力矩________N·m	3	□是 □否
6. 降车	须进行安全报告，经允许后方可下降车辆	3	□是 □否
7. 安装保险固定件	左固定件卡舌要插入右固定件导槽内	3	□是 □否
8. 装上部螺栓	选用________号棘轮扳手,________号内花键, 紧固力矩________N·m	3	□是 □否
五、检查装配质量			
1. 合上发动机盖	①拆除左右翼子板布; ②放下发动机盖	3	□是 □否
2. 检查配合间隙	①与前翼子板的配合间隙要均匀，应小于________mm。 ②与发动机盖、前大灯间隙要均匀，在________mm 内	3	□是 □否
六、安装前左、右轮胎			
安装前左、右轮胎	①拧紧车轮螺栓时为防止轮胎打滑，车轮不能离开地面; ②对角紧固车轮螺栓，拧紧力矩为________N·m	3	□是 □否
七、现场 6S 管理			
操作过程、完工后 6S 管理	操作过程中工量具、工件是否掉落或落地	2	□是 □否
	零部件摆放是否不当，或摆放是否存在安全隐患	2	□是 □否
	操作完成后设备、工量具是否清洁或归位	2	□是 □否
	贴护是否全部清除	2	□是 □否
	是否清洁车辆、场地	2	□是 □否
实训总结			
教师评价			

任务工单二　更换别克威朗左前翼子板

姓名		班级		日期		成绩	

<table>
<tr><td>任务目标</td><td colspan="3">1. 能选用合适的工具对塑料膨胀卡扣、紧固螺钉进行规范拆装；
2. 能独立或小组合作完成左前翼子板的更换与检查</td></tr>
<tr><td>安全事项</td><td colspan="3">1. 未经许可，严禁随意举升车辆。
2. 举升车辆时，除操作人员，所有人员必须站在黄线以外。
3. 未经许可，严禁发动车辆。
4. 规范操作，严禁采用粗暴的方式进行拆装</td></tr>
<tr><td>任务准备</td><td colspan="3">场地：车身修复实训车间；设备、技术资料：别克威朗车整车、别克威朗维修手册及相关技术资料；防护用品：工作服、棉线手套、安全鞋、抹布等；工具：工具箱、塑料翘板</td></tr>
<tr><td>项目</td><td>实施要点</td><td>配分</td><td>完成情况</td></tr>
<tr><td colspan="4">一、操作前准备</td></tr>
<tr><td>1. 查手册</td><td>查阅别克威朗维修手册、相关技术资料</td><td>2</td><td>□是 □否</td></tr>
<tr><td rowspan="3">2. 人员、车辆防护</td><td>穿戴工作服、防护手套、安全防护鞋</td><td>1</td><td>□是 □否</td></tr>
<tr><td>安装车轮挡块、车内和车外防护套等车辆防护用品</td><td>1</td><td>□是 □否</td></tr>
<tr><td>检查车辆驻车情况，并将变速器置于 P 挡或空挡位置</td><td>1</td><td>□是 □否</td></tr>
<tr><td rowspan="2">3. 支撑发动机盖</td><td>打开左前门，拉起发动机盖锁控制拉杆</td><td rowspan="2">1</td><td>□是 □否</td></tr>
<tr><td>将发动机盖微微拉起以便手伸进缝隙中，用手顶起发动机盖锁总成活动扣，支撑杆插入发动机罩</td><td>□是 □否</td></tr>
<tr><td>4. 断电</td><td>断开蓄电池负极</td><td>2</td><td>□是 □否</td></tr>
<tr><td>5. 贴护</td><td>在与保险杠、前翼子板贴近的车门的边缘贴上胶带纸</td><td>2</td><td>□是 □否</td></tr>
<tr><td colspan="4">二、拆卸前左、右轮胎</td></tr>
<tr><td>1. 松螺栓</td><td>拧松车轮螺栓时为防止轮胎打滑，车轮不能离开地面</td><td rowspan="2">3</td><td>□是 □否</td></tr>
<tr><td>2. 拆轮胎</td><td>拧松车轮螺栓后，举升车辆到合适位置，拆卸左右轮胎</td><td>□是 □否</td></tr>
<tr><td colspan="4">三、拆卸左前翼子板</td></tr>
<tr><td>1. 拆翼子板内衬</td><td>拆下左前翼子板内衬卡扣，取下左前翼子板内衬。
注：拆卸时用力要适度，避免损坏塑料固定卡扣</td><td>3</td><td>□是 □否</td></tr>
<tr><td>2. 拆隔声棉</td><td>直接用手取出翼子板隔声棉</td><td>3</td><td>□是 □否</td></tr>
<tr><td>3. 拆保险杠</td><td>拆卸方法见任务工单一</td><td>4</td><td>□是 □否</td></tr>
<tr><td rowspan="3">4. 拔下大灯连接插接头，拧松固定螺栓，拆卸左前大灯</td><td>①拆卸大灯固定螺栓。
注：拧松螺栓时，套筒扳手与螺栓保持垂直，防止损坏</td><td>3</td><td>□是 □否</td></tr>
<tr><td>②拔前大灯连接插接头。
注：观察插接头锁扣位置，先将锁止卡扣脱开后才能拔出，不要用力硬扯，防止损坏插接器或线束</td><td>3</td><td>□是 □否</td></tr>
<tr><td>③取下前大灯，注意不要刮花前照灯</td><td>3</td><td>□是 □否</td></tr>
<tr><td>5. 拆导件</td><td>拆卸保险杠导向件螺栓，取下保险杠导向件</td><td>3</td><td>□是 □否</td></tr>
<tr><td>6. 拆卡扣</td><td>用塑料翘板拆卸喷水管固定卡扣</td><td>3</td><td>□是 □否</td></tr>
<tr><td>7. 拆卸左前车门三角装饰板</td><td>用塑料翘板拆卸左前车门三角装饰板。
注:装饰板是利用背面的卡扣固定在车身上的，卡扣为塑料件，需将卡扣脱开后才能撬出，不要用力硬扯</td><td>3</td><td>□是 □否</td></tr>
</table>

姓名		班级		日期		成绩	

项目	实施要点	配分	完成情况
8. 拆固定螺栓	拆卸左前翼子板前部、上部、后部、下部及靠近车门铰链处固定螺栓，双手扶住两端，取下左前翼子板	3	□是 □否
四、左前翼子板的安装			
1. 装配	双手扶住翼子板两端，将左前翼子板扣在车身相应位置	3	□是 □否
2. 安装紧固螺栓	拧紧前、上、后、下部及靠近车门铰链处固定螺栓。 选用______号棘轮扳手，_____号套筒，紧固力矩______N · m	3	□是 □否
3. 检查、调整间隙	合上发动机盖	3	□是 □否
	检查左前翼子板与发动机盖、车门的间隙并调整。 注：先用手将螺栓拧紧，然后向前或向后、向内或向外移动，以便它与车门齐平，并且平行于发动机盖。间隙调整合适后，用扭力扳手将螺栓拧紧至规定力矩	3	□是 □否
4. 装饰板	装配左前车门三角装饰板	3	□是 □否
5. 装卡扣	装配喷水管固定卡扣	3	□是 □否
6. 装导向件	安装保险杠导向件，紧固固定螺栓。 选用______号棘轮扳手，_____号套筒，紧固力矩______N · m	3	□是 □否
7. 装前大灯	用手扶住左前大灯，插上连接插接头，拧紧固定螺栓。 选用______号棘轮扳手，_____号套筒，紧固力矩______N · m	3	□是 □否
8. 装保险杠	安装前保险，装配和调整方法见任务工单一	4	□是 □否
五、检查左前翼子板安装质量			
1. 检查配合间隙	与保险杠间隙要均匀，应小于______mm	3	□是 □否
	与发动机盖间隙要均匀，间隙在______mm 内	3	□是 □否
	与前车门间隙要均匀，间隙在______mm 内	3	□是 □否
	与前大灯间隙要均匀，间隙在______mm 内	3	□是 □否
2. 检查前照灯情况	检查左前照灯是否能正常点亮，否则检查并重新安装，直到正常点亮为止	3	□是 □否
六、安装前左、右轮胎			
安装前左、右轮胎	①拧紧车轮螺栓时为防止轮胎打滑，车轮不能离开地面； ②对角紧固车轮螺栓，拧紧力矩为______N · m	3	□是 □否
七、现场 6S 管理			
操作过程、完工后 6S 管理	操作过程中工量具、工件是否掉落或落地	2	□是 □否
	零部件摆放是否不当，或摆放是否存在安全隐患	2	□是 □否
	操作完成后设备、工量具是否清洁或归位	2	□是 □否
	贴护是否全部清除	2	□是 □否
	是否清洁车辆、场地	2	□是 □否
实训总结			
教师评价			

任务工单三　更换别克威朗左前车门玻璃升降器

<table>
<tr><td>姓名</td><td></td><td>班级</td><td></td><td>日期</td><td></td><td>成绩</td><td></td></tr>
<tr><td>任务目标</td><td colspan="7">1. 能选用合适的工具对塑料膨胀卡扣、紧固螺钉进行规范拆装；
2. 能独立或小组合作完成左前翼子板的更换与检查</td></tr>
<tr><td>安全事项</td><td colspan="7">1. 未经许可，严禁随意举升车辆。
2. 举升车辆时，除操作人员，所有人员必须站在黄线以外。
3. 未经许可，严禁发动车辆。
4. 规范操作，严禁采用粗暴的方式进行拆装</td></tr>
<tr><td>任务准备</td><td colspan="7">场地：车身修复实训车间；设备、技术资料：别克威朗车整车、别克威朗维修手册及相关技术资料；防护用品：工作服、棉线手套、安全鞋、抹布等；工具：工具箱、塑料翘板</td></tr>
<tr><td>项目</td><td colspan="5">实施要点</td><td>配分</td><td>完成情况</td></tr>
<tr><td colspan="8">一、操作前准备</td></tr>
<tr><td>1. 查手册</td><td colspan="5">查阅别克威朗维修手册、相关技术资料</td><td>2</td><td>□是 □否</td></tr>
<tr><td rowspan="3">2. 人员、车辆防护</td><td colspan="5">穿戴工作服、防护手套、安全防护鞋</td><td>1</td><td>□是 □否</td></tr>
<tr><td colspan="5">安装车轮挡块、车内和车外防护套等车辆防护用品</td><td>1</td><td>□是 □否</td></tr>
<tr><td colspan="5">检查车辆驻车情况，并将变速器置于 P 挡或空挡位置</td><td>1</td><td>□是 □否</td></tr>
<tr><td>3. 检查</td><td colspan="5">检查车辆音响、后视镜、玻璃升降器等部件的工作情况</td><td>1</td><td>□是 □否</td></tr>
<tr><td>4. 断电</td><td colspan="5">断开蓄电池负极</td><td>2</td><td>□是 □否</td></tr>
<tr><td>5. 贴护</td><td colspan="5">在车门前边缘贴上胶带纸，防止拆装时剐蹭划伤漆面</td><td>2</td><td>□是 □否</td></tr>
<tr><td colspan="8">二、拆卸车门内装饰板总成</td></tr>
<tr><td>1. 拆饰盖</td><td colspan="5">用塑料翘板撬开内扶手饰盖和内拉手饰盖。
注：饰盖为塑料件，用力要适度，避免划花或损坏</td><td>2</td><td>□是 □否</td></tr>
<tr><td>2. 拆螺栓</td><td colspan="5">拆卸内扶手内部及车门内衬底部螺栓</td><td>2</td><td>□是 □否</td></tr>
<tr><td>3. 拆卸控制开关座</td><td colspan="5">用塑料翘板轻撬控制开关座边缘，拆卸控制开关座总成，用手捏住开关线束插接头并与插接头座分离</td><td>2</td><td>□是 □否</td></tr>
<tr><td>4. 分离内饰板</td><td colspan="5">用塑料翘板将内饰板底部向上撬开，双手握住内饰板下端向上抬起车门内饰板，使内饰板与车门分离。
注：不要扯断车门内拉手拉线</td><td>2</td><td>□是 □否</td></tr>
<tr><td rowspan="2">5. 分离拉线和中控锁连接器</td><td colspan="5">将车门内拉手拉线锁止头与卡座分离</td><td>2</td><td>□是 □否</td></tr>
<tr><td colspan="5">将车内中控锁连接器锁止头与门把手座上的拉锁分离</td><td>2</td><td>□是 □否</td></tr>
<tr><td>6. 取饰板</td><td colspan="5">取下车门内饰板</td><td>2</td><td>□是 □否</td></tr>
<tr><td colspan="8">三、拆卸防潮膜、音响喇叭</td></tr>
<tr><td rowspan="2">1. 拆卸防潮膜</td><td colspan="5">使用十字螺丝刀拆卸车门控制开关固定支架螺钉，拆卸固定支架</td><td>2</td><td>□是 □否</td></tr>
<tr><td colspan="5">使用铲刀或专用工具割除粘胶，取下防潮膜。
注：不要将防潮膜撕破，影响再次使用</td><td>3</td><td>□是 □否</td></tr>
<tr><td rowspan="3">2. 拆卸音响喇叭</td><td colspan="5">采用棘轮扳手和套筒拆卸音响喇叭固定螺钉</td><td>2</td><td>□是 □否</td></tr>
<tr><td colspan="5">开音响喇叭连接插接头</td><td>2</td><td>□是 □否</td></tr>
<tr><td colspan="5">取下音响喇叭</td><td>2</td><td>□是 □否</td></tr>
</table>

姓名		班级		日期		成绩	

项目	实施要点	配分	完成情况
四、拆卸车门玻璃			
1. 拆车门外装饰条	用翘板取下车门外装饰条，并在车门的上边缘贴上胶带纸，防止拆装时发生剐蹭划伤漆面	3	□是 □否
2. 拆卸并取出玻璃	将塑料撬板伸进车门方形孔洞内，找到固定玻璃下部的卡扣，用翘板撬开玻璃卡扣，将玻璃从导槽上松开，然后双手握住玻璃边缘斜着从车门上部缓慢取出	3	□是 □否
五、拆卸车门玻璃升降器			
1. 拆固定螺栓	采用棘轮扳手和套筒拆卸玻璃升降器固定螺栓，断开玻璃升降器电机插接器。 注：拔下电机插接头时，注意观察插接头锁扣位置，要先将锁止卡扣脱开后才能拔出，不要用力硬扯，防止损坏插接器或线束	3	□是 □否
2. 取出玻璃升降器	双手从车门长形孔洞中取出玻璃升降器，注意不要碰撞门洞边缘，防止损伤漆面	3	□是 □否
六、安装车门玻璃升降器、玻璃			
1. 紧固玻璃升降器	将玻璃升降器从车门长形孔洞中放入，用手将固定螺栓拧入 2~3 牙，再用棘轮扳手和套筒紧固，紧固螺栓时要按照从内到外均匀依次拧紧	3	□是 □否
2. 连电机插头、控制开关	①将玻璃升降器电机插接器插入到电机中，注意不要插反，听到“嗒”声说明插到位； ②将玻璃升降器控制开关插接器插入到控制开关上； ③临时将蓄电池负极连接通电，为了检查玻璃升降器的运行情况，检查完毕后立即拆除断电	3	□是 □否
3. 装入车门玻璃	双手托住玻璃边缘斜着从车门上部缓慢装入，注意玻璃不要装反，动作要轻，防止玻璃破损	3	□是 □否
4. 插入固定卡扣槽	玻璃到底部时注意一定要插入到固定卡扣槽中，听到“嗒”声说明插到位	3	□是 □否
5. 装饰条	除掉贴护胶带，安装车门外装饰条	3	□是 □否
七、安装音响喇叭、防潮膜			
1. 安装音响喇叭	①插入音响喇叭连接插接头； ②采用棘轮扳手和套筒经音响喇叭固定螺钉	2	□是 □否
2. 装防潮膜	①将车门残余胶铲除干净； ②在防潮膜周边均匀涂抹防水膜胶，按规定位置贴上。 注：将车门内拉手拉线从防潮膜孔中穿出	3	□是 □否
3. 装固定支架	①安装车门控制开关固定支架螺钉； ②使用十字螺丝刀紧固螺钉	2	□是 □否

<table>
<tr><td>姓名</td><td></td><td>班级</td><td></td><td>日期</td><td></td><td>成绩</td><td></td></tr>
</table>

<table>
<tr><th>项目</th><th>实施要点</th><th>配分</th><th>完成情况</th></tr>
<tr><td colspan="4">八、安装车门内装饰板</td></tr>
<tr><td>1. 连接拉线和中控锁连接器</td><td>①抬起车门内装饰板；
②连接车门内拉手拉线和车内中控锁连接器</td><td>3</td><td>□是 □否</td></tr>
<tr><td>2. 装饰板</td><td>将车门内装饰板轻敲扣入卡槽内，注意将内控锁杆伸出</td><td>3</td><td>□是 □否</td></tr>
<tr><td>3. 安装控制开关座</td><td>①开关线束插接头与插接头座连接；
②将控制开关座轻扣入卡槽内</td><td>3</td><td>□是 □否</td></tr>
<tr><td>4. 装车门内衬螺栓</td><td>装车门内衬底部紧固螺栓。
选用_____号棘轮扳手，_____号套筒，紧固力矩_____N·m</td><td>3</td><td>□是 □否</td></tr>
<tr><td>5. 装内扶手螺栓</td><td>装内扶手内部紧固螺栓。
选用_____号棘轮扳手，_____号套筒，紧固力矩_____N·m</td><td>3</td><td>□是 □否</td></tr>
<tr><td>6. 拆饰盖</td><td>①装内扶手饰盖；
②装内拉手饰盖</td><td>3</td><td>□是 □否</td></tr>
<tr><td colspan="4">九、检查安装质量</td></tr>
<tr><td>1. 检查玻璃升降器</td><td>安装好后，将蓄电池负极连接通电，检查玻璃升降是否流畅，玻璃升到顶部后是否存在缝隙</td><td>3</td><td>□是 □否</td></tr>
<tr><td>2. 检查其他件情况</td><td>检查车辆音响、后视镜等部件的工作情况</td><td>3</td><td>□是 □否</td></tr>
<tr><td colspan="4">十、现场 6S 管理</td></tr>
<tr><td rowspan="5">操作过程、完工后 6S 管理</td><td>操作过程中工量具、工件是否掉落或落地</td><td>2</td><td>□是 □否</td></tr>
<tr><td>零部件摆放是否不当，或摆放是否存在安全隐患</td><td>2</td><td>□是 □否</td></tr>
<tr><td>操作完成后设备、工量具是否清洁或归位</td><td>2</td><td>□是 □否</td></tr>
<tr><td>贴护是否全部清除</td><td>2</td><td>□是 □否</td></tr>
<tr><td>是否清洁车辆、场地</td><td>2</td><td>□是 □否</td></tr>
<tr><td>实训总结</td><td colspan="3"></td></tr>
<tr><td>教师评价</td><td colspan="3"></td></tr>
</table>

任务工单四　更换别克威朗左前车门

<table>
<tr><td>姓名</td><td></td><td>班级</td><td></td><td>日期</td><td></td><td>成绩</td><td></td></tr>
<tr><td>任务目标</td><td colspan="7">1. 能独立或小组合作完成车门门锁的拆卸与更换；
2. 能独立或小组合作完成左前车门的更换与检查</td></tr>
<tr><td>安全事项</td><td colspan="7">1. 未经许可，严禁随意举升车辆。
2. 举升车辆时，除操作人员，所有人员必须站在黄线以外。
3. 未经许可，严禁发动车辆。
4. 规范操作，严禁采用粗暴的方式进行拆装</td></tr>
<tr><td>任务准备</td><td colspan="7">场地：车身修复实训车间；设备、技术资料：别克威朗车整车、别克威朗维修手册及相关技术资料；防护用品：工作服、棉线手套、安全鞋、抹布等；工具：工具箱、塑料翘板</td></tr>
<tr><td>项目</td><td colspan="5">实施要点</td><td>配分</td><td>完成情况</td></tr>
<tr><td colspan="8">一、操作前准备</td></tr>
<tr><td>1. 查手册</td><td colspan="5">查阅别克威朗维修手册、相关技术资料</td><td>2</td><td>□是 □否</td></tr>
<tr><td rowspan="3">2. 人员、车辆防护</td><td colspan="5">穿戴工作服、防护手套、安全防护鞋</td><td>1</td><td>□是 □否</td></tr>
<tr><td colspan="5">安装车轮挡块、车内和车外防护套等车辆防护用品</td><td>1</td><td>□是 □否</td></tr>
<tr><td colspan="5">检查车辆驻车情况，并将变速器置于 P 挡或空挡位置</td><td>1</td><td>□是 □否</td></tr>
<tr><td>3. 检查</td><td colspan="5">检查车辆音响、后视镜、玻璃升降器等部件的工作情况</td><td>1</td><td>□是 □否</td></tr>
<tr><td>4. 断电</td><td colspan="5">断开蓄电池负极</td><td>2</td><td>□是 □否</td></tr>
<tr><td>5. 贴护</td><td colspan="5">在车门前边缘贴上胶带纸，防止拆装时剐蹭划伤漆面</td><td>2</td><td>□是 □否</td></tr>
<tr><td colspan="8">二、拆卸车门内装饰板总成、防潮膜、音响喇叭、车门玻璃、车门玻璃升降器</td></tr>
<tr><td>拆卸相关部件</td><td colspan="5">按规范依次拆卸车门内装饰板总成、防潮膜、音响喇叭、车门玻璃、车门玻璃升降器，拆卸方法见任务工单三</td><td>4</td><td>□是 □否</td></tr>
<tr><td colspan="8">二、拆卸车门锁总成</td></tr>
<tr><td>1. 拆堵盖</td><td colspan="5">打开左前车门，用塑料翘板取下防雨装饰堵盖</td><td>2</td><td>□是 □否</td></tr>
<tr><td>2. 松门锁锁止螺钉</td><td colspan="5">用棘轮扳手和________将门锁锁止螺钉拧松。
注：这颗螺栓只需松开，不需取下</td><td>2</td><td>□是 □否</td></tr>
<tr><td>3. 拆侧面固定螺钉</td><td colspan="5">用棘轮扳手和 T15 拆卸门锁侧面固定螺钉</td><td>2</td><td>□是 □否</td></tr>
<tr><td>4. 拆门锁饰盖</td><td colspan="5">①用塑料撬板将门锁装饰盖板和固定架总成撬开；
②取下装饰盖总成</td><td>2</td><td>□是 □否</td></tr>
<tr><td>5. 拆外拉手及垫片</td><td colspan="5">①手握外拉手向前推动；
②取下外拉手和塑料垫片</td><td>2</td><td>□是 □否</td></tr>
<tr><td>6. 拆内骨架螺钉</td><td colspan="5">用棘轮扳手和________拆卸门外拉手内骨架固定螺钉</td><td>2</td><td>□是 □否</td></tr>
<tr><td>7. 拔门锁连接头</td><td colspan="5">拔下车门锁连接插接头。
注：观察插接头锁扣位置，要先将锁止卡扣脱开才能拔出，不要用力硬扯，防止损坏插接器或线束</td><td>2</td><td>□是 □否</td></tr>
<tr><td>8. 拆顶杆</td><td colspan="5">拆下内控锁顶杆</td><td>2</td><td>□是 □否</td></tr>
<tr><td>9. 拆螺钉</td><td colspan="5">用棘轮扳手拆卸锁块固定螺钉</td><td>2</td><td>□是 □否</td></tr>
<tr><td>10. 取出车门锁体</td><td colspan="5">双手从车门长形孔洞中取出车门锁体总成。
注：不要碰撞门洞边缘，防止损伤漆面</td><td>2</td><td>□是 □否</td></tr>
</table>

姓名		班级		日期		成绩	

项目	实施要点	配分	完成情况
三、拆卸车门总成			
1. 拆限位器螺栓	用棘轮扳手和套筒拆卸车门开度限位器固定螺栓	2	□是 □否
2. 拆铰链固定螺栓	用棘轮扳手和套筒拆卸车门铰链固定螺栓。 注：拆卸固定螺栓时，一人从外侧托住车门下端（也可采用车门辅助拆装专业托架），以防车门掉落	2	□是 □否
3. 拔总线束插接头	拔下车门铰链处总线束插接头。 注：注意观察插接头锁扣位置，要先将锁止卡扣脱开后才能拔出，不要用力硬扯，防止损坏插接器或线束	2	□是 □否
4. 拆车门	取下车门总成	2	□是 □否
四、安装和调整车门总成			
1. 安装车门铰链紧固螺栓	将车门总成抬到车门框位置，先用手安装铰链固定螺栓 2~3 牙后，再用棘轮扳手和套筒临时紧固； 注：按最下面螺栓、最上面螺栓、中下螺栓、中上螺栓的顺序拧紧铰链固定螺栓	2	□是 □否
2. 安装限位器紧固螺栓	先用手安装车门开度限位器固定螺栓 2~3 牙后，再用棘轮扳手和套筒临时紧固	2	□是 □否
3. 检查、调整配合处间隙	前车门与后车门间隙为________mm	2	□是 □否
	前车门与前翼子板间隙为________mm	2	□是 □否
	前车门与门槛外板间隙为________mm	2	□是 □否
	前车门与车身侧外上板间隙为________mm	2	□是 □否
	如果不符合标准要求，拧松铰链螺栓调整至规定值	2	□是 □否
4. 紧固螺栓	用扭力扳手紧固铰链螺栓，规定力矩为________N·m	2	□是 □否
	用扭力扳手紧固限位器螺栓，规定力矩为________N·m	2	□是 □否
五、安装车门锁总成			
1. 连接车门锁连接插接头	将车门锁体总成从车门长形孔洞中放入，并对准孔位	2	□是 □否
	连接车门锁连接插接头。 注：不要插反，听到“嗒”声说明插到位	2	□是 □否
2. 紧固螺钉	紧固门锁总成固定螺钉，规定力矩为________N·m	2	□是 □否
	紧固门锁侧面固定螺钉，规定力矩为________N·m	2	□是 □否
	紧固门外拉手内骨架固定螺钉，规定力矩为________N·m	2	□是 □否
3. 装外拉手及饰盖	安装塑料垫片，手握外拉手向前推动	2	□是 □否
	装外拉手	2	□是 □否
	装门锁饰盖	2	□是 □否
4. 装连接头、顶杆	将车门锁连接插接头插入插座	2	□是 □否
	将内控锁顶杆装入安装孔	2	□是 □否
5. 紧固锁止螺钉	用扳手和______将门锁锁止螺钉拧紧，力矩为______N·m	2	□是 □否

<table>
<tr><td>姓名</td><td></td><td>班级</td><td></td><td>日期</td><td></td><td>成绩</td><td></td></tr>
<tr><td colspan="2">项目</td><td colspan="4">实施要点</td><td>配分</td><td>完成情况</td></tr>
<tr><td colspan="8">六、安装相关部件</td></tr>
<tr><td colspan="2">安装相关部件</td><td colspan="4">安装和调整车门玻璃升降器及玻璃、安装音响喇叭、安装防潮膜、安装车门内装饰板，具体见任务工单三</td><td>4</td><td>□是 □否</td></tr>
<tr><td colspan="8">七、检查安装质量</td></tr>
<tr><td colspan="2">1. 检查玻璃升降器</td><td colspan="4">安装好后，将蓄电池负极连接通电，检查玻璃升降是否流畅，玻璃升到顶部后是否存在缝隙</td><td>2</td><td>□是 □否</td></tr>
<tr><td colspan="2">2. 检查其他件情况</td><td colspan="4">检查车辆音响、后视镜、车门锁等部件的工作情况</td><td>2</td><td>□是 □否</td></tr>
<tr><td colspan="8">八、现场 6S 管理</td></tr>
<tr><td colspan="2" rowspan="5">操作过程、完工后 6S 管理</td><td colspan="4">操作过程中工量具、工件是否掉落或落地</td><td>2</td><td>□是 □否</td></tr>
<tr><td colspan="4">零部件摆放是否不当，或摆放是否存在安全隐患</td><td>2</td><td>□是 □否</td></tr>
<tr><td colspan="4">操作完成后设备、工量具是否清洁或归位</td><td>2</td><td>□是 □否</td></tr>
<tr><td colspan="4">贴护是否全部清除</td><td>2</td><td>□是 □否</td></tr>
<tr><td colspan="4">是否清洁车辆、场地</td><td>2</td><td>□是 □否</td></tr>
<tr><td colspan="2">实训总结</td><td colspan="6"></td></tr>
<tr><td colspan="2">教师评价</td><td colspan="6"></td></tr>
</table>

任务工单五　更换别克威朗发动机盖

姓名		班级		日期		成绩	

任务目标	1. 能选用合适的工具对塑料膨胀卡扣、紧固螺钉进行规范拆装； 2. 能独立或小组合作完成发动机盖的更换与检查		
安全事项	1. 未经许可，严禁随意举升车辆。 2. 举升车辆时，除操作人员，所有人员必须站在黄线以外。 3. 未经许可，严禁发动车辆。 4. 规范操作，严禁采用粗暴的方式进行拆装		
任务准备	场地：车身修复实训车间；设备、技术资料：别克威朗车整车、别克威朗维修手册及相关技术资料；防护用品：工作服、棉线手套、安全鞋、抹布等；工具：工具箱、塑料翘板		
项目	实施要点	配分	完成情况
一、操作前准备			
1. 查手册	查阅别克威朗维修手册、相关技术资料	2	□是 □否
2. 人员、车辆防护	穿戴工作服、防护手套、安全防护鞋	2	□是 □否
	安装车轮挡块、车内和车外防护套等车辆防护用品	2	□是 □否
	检查车辆驻车情况，并将变速器置于P挡或空挡位置	2	□是 □否
二、拆卸发动机盖			
1. 支撑发动机盖	打开左前门，拉起发动机盖锁控制拉杆	3	□是 □否
	将发动机盖微微拉起以便手伸进缝隙中，用手顶起发动机盖锁总成活动扣，支撑杆插入发动机罩		□是 □否
2. 拆玻璃清洗器水管卡子	①玻璃清洗器软管为橡胶件，抽出时注意用力适度，防止损坏软管； ②接头的倒扣锁止为塑料件，拔下时要防止损坏接头	3	□是 □否
3. 拆发动机盖铰链	拆卸时，二人配合，一侧肩部抵住发动机盖，一只手扶住发动机盖后部尖端防止损伤前风挡玻璃，取下撑杆，另一只手拆卸铰链处螺栓	5	□是 □否
4. 取下发动机盖	两人协同抬下发动机盖移出发动机盖时，用一只手扶住发动机盖铰链端，将发动机盖放平、移出	5	□是 □否
三、发动机盖的安装			
1. 安装发动机盖	二人配合将发动机盖抬到安装位置，一只手扶住发动机盖后部尖端防止损伤玻璃，用另一只手拧上铰链螺栓	5	□是 □否
	拧紧铰链螺栓。 注： ①必须用手扶住发动机盖，二人交替拧紧铰链螺栓； ②拧紧螺栓时，用肩膀或手臂顶住发动机盖，防止滑落	5	□是 □否
2. 预紧铰链螺栓	预紧发动机盖铰链螺栓。 注：不需拧紧力矩，以方便调整间隙	5	□是 □否
四、发动机盖的调整与安装			
1. 最大开启角调整	发动机盖在打开时向后翻转至最大开启角度时，与前挡风玻璃间隙为________mm，是否满足要求	5	□是 □否

姓名		班级		日期		成绩	

项目	实施要点	配分	完成情况
2. 与翼子板及保险杠之间空隙的调整	合上发动机盖，检查发动机盖锁扣（见图 5–5–5）是否与锁闩座对中缺口对齐	5	□是 □否
	左右移动发动机盖，扣上发动机盖后使其与左右翼子板间隙均匀，且为________mm	5	□是 □否
	前后移动发动机盖，调整发动机盖与前保险杠的配合间隙，要均匀，应小于________mm	5	□是 □否
3. 高度的调整	转动限位块，使发动机盖与前照灯的间隙为________mm，使发动机盖与格栅的间隙为________mm	5	□是 □否
4. 锁扣机构的调整	拧松锁闩紧固螺栓，前后左右移动锁扣使锁扣与锁闩对正，达到要求	5	□是 □否
5. 紧固铰链螺栓至规定力矩	使用套筒、接杆、棘轮扳手，拧紧发动机盖铰链螺栓。 注：间隙符合标准后，用扭力扳手将螺栓拧紧，拧紧力矩为________N·m	5	□是 □否
6. 安装清洗器卡子	将清洗器软管和接头连接	5	□是 □否
	安装玻璃清洗器水管卡子	5	□是 □否
五、检查装配质量			
检查装配质量	观察发动机盖的开合是否正常	4	□是 □否
	观察玻璃清洗器软管是否漏水	4	□是 □否
六、现场 6S 管理			
操作过程、完工后 6S 管理	操作过程中工量具、工件是否掉落或落地	2	□是 □否
	零部件摆放是否不当，或摆放是否存在安全隐患	2	□是 □否
	操作完成后设备、工量具是否清洁或归位	2	□是 □否
	是否清洁车辆、场地	2	□是 □否
实训总结			
教师评价			

任务工单六　更换别克威朗行李厢盖

姓名		班级		日期		成绩	

<table>
<tr><td>任务目标</td><td colspan="3">1. 能选用合适的工具对塑料膨胀卡扣、紧固螺钉进行规范拆装；
2. 能独立或小组合作完成行李厢盖的更换与检查</td></tr>
<tr><td>安全事项</td><td colspan="3">1. 未经许可，严禁随意举升车辆。
2. 举升车辆时，除操作人员，所有人员必须站在黄线以外。
3. 未经许可，严禁发动车辆。
4. 规范操作，严禁采用粗暴的方式进行拆装</td></tr>
<tr><td>任务准备</td><td colspan="3">场地：车身修复实训车间；设备、技术资料：别克威朗车整车、别克威朗维修手册及相关技术资料；防护用品：工作服、棉线手套、安全鞋、抹布等；工具：工具箱、塑料翘板</td></tr>
<tr><td>项目</td><td>实施要点</td><td>配分</td><td>完成情况</td></tr>
<tr><td colspan="4">一、操作前准备</td></tr>
<tr><td>1. 查手册</td><td>查阅别克威朗维修手册、相关技术资料</td><td>2</td><td>□是 □否</td></tr>
<tr><td rowspan="3">2. 人员、车辆防护</td><td>穿戴工作服、防护手套、安全防护鞋</td><td>2</td><td>□是 □否</td></tr>
<tr><td>安装车轮挡块、车内和车外防护套等车辆防护用品</td><td>2</td><td>□是 □否</td></tr>
<tr><td>检查车辆驻车情况，并将变速器置于 P 挡或空挡位置</td><td>2</td><td>□是 □否</td></tr>
<tr><td>3. 检查</td><td>检查车辆后部灯光点亮以及倒车雷达等的工作情况</td><td>2</td><td></td></tr>
<tr><td>4. 打开行李厢盖</td><td>用钥匙按下行李厢按钮，打开行李厢盖。
注：用手扶住行李厢盖，让行李厢盖慢慢往上抬起，防止行李厢盖猛然弹上去打到人，造成人身伤害，同时防止损坏行李厢盖的铰链机构</td><td>2</td><td>□是 □否</td></tr>
<tr><td>5. 断电</td><td>断开蓄电池负极连接线</td><td>2</td><td>□是 □否</td></tr>
<tr><td colspan="4">二、拆卸行李厢盖</td></tr>
<tr><td>1. 拆铰链装饰盖</td><td>用翘板拆下行李厢左右铰链装饰盖固定卡扣，取下铰链装饰盖，拆卸时用力要适度，避免损坏固定卡扣</td><td>4</td><td>□是 □否</td></tr>
<tr><td>2. 拆锁块装饰盖</td><td>用塑料翘板拆下行李厢锁块装饰盖，拆卸时用力要适度，避免损坏</td><td>4</td><td>□是 □否</td></tr>
<tr><td rowspan="2">3. 拆行李厢盖内衬</td><td>按从上至下顺序拆卸内衬固定卡扣。
注：卡扣为塑料件，用力要适度，避免损坏固定卡扣。</td><td>4</td><td>□是 □否</td></tr>
<tr><td>取下行李厢内衬。
注：内衬为塑料材质，取下时不能折弯防止损坏</td><td>4</td><td>□是 □否</td></tr>
<tr><td rowspan="2">4. 拆左右后尾灯、控制锁插接头</td><td>拆左右后尾灯、控制锁插接头。
注：先将锁止卡扣脱开才能拔出，不要用力硬扯，防止损坏插接器或线束</td><td>4</td><td>□是 □否</td></tr>
<tr><td>用卡扣起子取下线束卡扣。线束固定卡扣为塑料件，拆卸时用力要适度，避免损坏固定卡扣</td><td>4</td><td>□是 □否</td></tr>
<tr><td>5. 拆卸铰链螺栓</td><td>用棘轮扳手拆卸铰链螺栓。
注：一只手松螺栓，另一只手握在行李厢盖下端角处，扶住行李厢盖总成，防止损坏后挡风玻璃</td><td>4</td><td>□是 □否</td></tr>
<tr><td>6. 移出行李厢盖</td><td>二人配合，用一只手扶住行李厢铰链端，另一只手托住上方，合力向上移出，同时注意避免行李厢盖与后挡风玻璃发生碰撞，避免损坏</td><td>4</td><td>□是 □否</td></tr>
</table>

姓名		班级		日期		成绩	

项目	实施要点	配分	完成情况
三、行李厢盖的安装与调整			
1. 安装行李厢盖	①二人配合将行李厢盖抬到安装位置，先用手将铰链螺栓拧 2~3 牙，然后用棘轮扳手预紧行李厢盖铰链螺栓； ②安装螺栓时，必须用手扶住行李厢盖，防止在操作过程中滑落，损坏后挡风玻璃	4	□是 □否
2. 调间隙	前后、左右调整行李厢盖，与左右后侧围板之间的空隙为________mm	4	□是 □否
	前后、左右调整行李厢盖，行李厢盖尾灯与车身后尾灯之间的间隙为________mm	4	□是 □否
	前后、左右调整行李厢盖，行李厢盖前端与后保险杠之间的缝隙为________mm	4	□是 □否
3. 锁扣机构的调整	拧松锁闩紧固螺栓，前后、左右移动锁扣使锁扣与锁闩对正，达到要求	4	□是 □否
4. 紧固螺栓	用扭力扳手将螺栓拧紧，拧紧力矩为________N · m	4	□是 □否
5. 安装箱盖尾灯、控制锁控制线束总成	①固定卡扣按照修理手册定位，插到位时能所到“嗒”的声响。 ②插接器有正反，不能互换，插接器有卡扣装置插到位时能所到“嗒”的声响	4	□是 □否
6. 装内衬、装饰盖、锁装饰盖	装配行李厢盖内衬	4	□是 □否
	用左手顶住装饰盖，右手将固定卡扣装入固定槽	4	□是 □否
	装入行李厢盖锁装饰盖	4	□是 □否
四、检查装配质量			
检查装配质量	观察行李厢盖的开合是否正常	3	□是 □否
	观察车辆后部灯光、倒车雷达工作是否正常	3	□是 □否
五、现场 6S 管理			
操作过程、完工后 6S 管理	操作过程中工量具、工件是否掉落或落地	2	□是 □否
	零部件摆放是否不当，或摆放是否存在安全隐患	2	□是 □否
	操作完成后设备、工量具是否清洁或归位	2	□是 □否
	是否清洁车辆、场地	2	□是 □否
实训总结			
教师评价			

思考与练习

一、填空题

1. 汽车的前端、后端都装有保险杠，当汽车受到前、后方向意外的轻度低速冲撞时，它是__________、防护车身__________部的安全装置。

2. 保险杠按材料，可分为__________保险杠和__________保险杠；按使用功能，可分为__________保险杠和__________保险杠。

3. 现在汽车前后保险杠一般采用__________保险杠，由__________、__________和横梁三部分组成。其中__________和__________用塑料制成，横梁用冷轧薄板冲压而成 U 形槽；外板和缓冲材料附着在横梁。

4. 为了吸收保险杠在碰撞时的冲击能量，使保险杠支架具有吸能功能，形成一种防冲击的装置。吸能保险杠在结构上增加了一些防冲击的部件，常见的有__________吸能型和__________吸能型两种形式。

5. 前翼子板安装在前轮处，为独立的部件，大多用__________和车身壳体相连，后端与__________相连，前端与散热器支架的延长部分及前照灯架相连，侧面与__________相连。

6. 后翼子板是包容__________，是后段车身的重要构件，通常以__________方式与车身壳体相连，为非独立部件，不可拆卸，损坏时需进行焊点破除，以切割损坏处的方式更换新部件。

7. 翼子板的作用是在汽车行驶过程中__________，防止被车轮卷起的__________、__________溅到车厢的底部造成车厢的磨损或者损坏，并__________了车辆的使用寿命，所以要求汽车翼子板的材料具有相当__________的耐气候老化性和__________的成型加工性。

8. 车门玻璃升降器是电动车窗的重要部件，可以__________低驱动电机的速度、__________力矩、实现运动形式的转换及传递动力。根据工作原理的不同，主要有齿轮齿扇式玻璃升降器、__________玻璃升降器、__________玻璃升降器三种类型。

9. 轿车车门按车门的开闭方式分为__________车门、__________车门、__________车门、上掀式车门、折叠式车门。

10. 轿车的车门通过车门__________与门柱相连，车门__________通过螺栓连接或焊接方式固定在立柱或车门框上。一般由__________、__________和车门内装饰板三部分组成。

11. 轿车发动机盖总成主要由发动机盖、发动机盖__________、发动机盖__________、发动机盖支撑杆、发动机盖__________、发动机盖锁开启拉索以及发动机盖密封条等零件组成。

12. 行李厢是装载物品的空间，是由__________、行李厢组件与车身地板组件构成。行李厢一般位于轿车车身的后部，又称为__________。

13. 前保险杠安装好后，检查__________与前保险杠总成的配合间隙，间隙应在__________mm。

14. 拆卸发动机盖铰链时，二人配合，一侧肩部抵住__________，一只手扶住发动机盖后部尖端防止伤前风挡玻，取下撑杆，另一只手拆卸__________处螺栓。

15. 行李厢盖是用两个冲压成形的冷轧钢板经__________、__________制成的，结构与发动机罩相同，主要由__________、__________和内衬板上的加强梁组成 。

二、思考题

1. 汽车保险杠的作用是什么？现代汽车保险杠一般由哪些部分组成？

2. 简述别克威朗汽车前保险杠拆卸操作步骤。

3. 简述翼子板的作用以及前、后翼子板与车身的连接方式及特点。

4. 简述车门玻璃升降器的作用。

5. 蜗轮蜗杆式玻璃升降器由哪几部分组成？简述其工作过程。

6. 简述汽车对车门的基本要求。

7. 车门门锁机构的作用是什么？

8. 简述车门门锁机构的工作原理。

9. 发动机盖由哪些部分组成？

10. 如何调整汽车车门？

11. 车门由哪些部分组成？

12. 简述行李厢盖的拆卸步骤。

项目六　车身板件修复

任务工单一　锤子与顶铁配合敲击法修复钢制门板

<table>
<tr><td>姓名</td><td></td><td>班级</td><td></td><td>日期</td><td></td><td>成绩</td><td></td></tr>
<tr><td>任务目标</td><td colspan="7">1. 能够正确使用锤子和顶铁对受损车身钢制板件进行修复;
2. 能合理应用正位敲击法和错位敲击法</td></tr>
<tr><td>安全事项</td><td colspan="7">1. 使用前要检查手动工具有无裂纹、碎片、毛刺等情况，如存在问题，应修理或更换后再用;
2. 操作时不要把旋具、冲子或其他尖锐的工具放到口袋里，以免刺伤自己或损坏车辆</td></tr>
<tr><td>任务准备</td><td colspan="7">防护用品：工作服、棉纱手套、安全鞋、防护眼镜、耳罩；工具：各类大力钳、常见车身修复手动工具套装、刚直尺和记号笔；辅助材料：门板皮、门板固定支架</td></tr>
<tr><td>项目</td><td colspan="5">实施要点</td><td>配分</td><td>完成情况</td></tr>
<tr><td rowspan="2">1. 防护用品的穿戴</td><td colspan="5">穿着工作服</td><td rowspan="2">10</td><td>□是 □否</td></tr>
<tr><td colspan="5">穿戴防护手套、安全防护鞋、防护眼镜、耳罩</td><td>□是 □否</td></tr>
<tr><td rowspan="6">2. 修复受损门板</td><td colspan="5">选用镐锤和通用顶铁，注意检查镐锤和顶铁是否完好</td><td>10</td><td>□是 □否</td></tr>
<tr><td colspan="5">用顶铁顶在门板内侧并向外施加推力。
注：推力大小应适中，否则会直接影响到损伤恢复效果</td><td>10</td><td>□是 □否</td></tr>
<tr><td colspan="5">选用镐锤敲击门板损伤区域，通过手感判断顶铁位置。
注：手锤与顶铁重合时，敲击声音较为清脆，握持顶铁的手有发麻的感觉；如果不重合，则敲击声音发闷，握持顶铁的手没有麻的感觉</td><td>15</td><td>□是 □否</td></tr>
<tr><td colspan="5">采用错位敲击方法大致修复损伤。
注：敲击时应注意观察损伤的情况，错位敲击，即顶住低点，敲击周围的高点</td><td>15</td><td>□是 □否</td></tr>
<tr><td colspan="5">采用正位敲击法进行精修。
注：精修时，应适当控制锤子的敲击力度，以免造成钢板过度延展</td><td>15</td><td>□是 □否</td></tr>
<tr><td colspan="5">采用错位和正位敲击法相配合将损伤修平</td><td>15</td><td>□是 □否</td></tr>
<tr><td rowspan="4">3. 现场 6S 管理</td><td colspan="5">操作过程中工量具、工件是否掉落或落地</td><td>2.5</td><td>□是 □否</td></tr>
<tr><td colspan="5">零部件摆放是否不当，或摆放是否存在安全隐患</td><td>2.5</td><td>□是 □否</td></tr>
<tr><td colspan="5">操作完成后设备、工量具是否清洁或归位</td><td>2.5</td><td>□是 □否</td></tr>
<tr><td colspan="5">是否清洁场地</td><td>2.5</td><td>□是 □否</td></tr>
<tr><td>实训总结</td><td colspan="7"></td></tr>
<tr><td>教师评价</td><td colspan="7"></td></tr>
</table>

任务工单二　外形修复机单点拉伸法修复钢制板件

<table>
<tr><td>姓名</td><td></td><td>班级</td><td></td><td>日期</td><td></td><td>成绩</td><td></td></tr>
<tr><td>任务目标</td><td colspan="7">1. 能够正确调整车身外形修复机各项参数；
2. 能够正确使用车身外形修复机对受损板件进行修复</td></tr>
<tr><td>安全事项</td><td colspan="7">1. 注意用气安全，压缩空气严禁对人；
2. 注意用电安全</td></tr>
<tr><td>任务准备</td><td colspan="7">防护用品：工作服、棉纱手套、安全鞋、防护眼镜、耳罩；设备工具：外形修复机及附件、圆盘打磨机、吹尘枪、大力钳、车身修复手动工具套装、刚直尺、记号笔；辅助材料：门板、门板固定支架</td></tr>
<tr><td>项目</td><td colspan="5">实施要点</td><td>配分</td><td>完成情况</td></tr>
<tr><td colspan="8">一、操作前准备工作</td></tr>
<tr><td>1. 固定板件</td><td colspan="5">将已制作好损伤的教学专用门板固定在车门固定支架上</td><td>3</td><td>□是 □否</td></tr>
<tr><td rowspan="2">2. 防护用品的穿戴</td><td colspan="5">穿着工作服</td><td rowspan="2">3</td><td>□是 □否</td></tr>
<tr><td colspan="5">穿戴防护手套、安全防护鞋、防护眼镜、耳罩</td><td>□是 □否</td></tr>
<tr><td colspan="8">二、修复受损门板</td></tr>
<tr><td>1. 定方案</td><td colspan="5">判断损伤区域，确定维修方案。
注：通过观察、触摸、测量等方法断定门板的受损程度，用油性记号笔在门板上画出受损区域</td><td>4</td><td>□是 □否</td></tr>
<tr><td rowspan="3">2. 打磨油漆层</td><td colspan="5">用气动打磨机将损伤区域油漆层打磨干净</td><td>4</td><td>□是 □否</td></tr>
<tr><td colspan="5">在门板边缘处打磨出搭铁区域</td><td>4</td><td>□是 □否</td></tr>
<tr><td colspan="5">采用吹尘枪和干净的抹布对打磨区域进行清洁</td><td>4</td><td>□是 □否</td></tr>
<tr><td>3. 装滑锤</td><td colspan="5">采用扳手将焊枪螺母拧松，装入滑锤，再将螺母拧紧</td><td>4</td><td>□是 □否</td></tr>
<tr><td>4. 搭铁</td><td colspan="5">用大力钳将外形修复机搭铁线固定在门板搭铁区域</td><td>4</td><td>□是 □否</td></tr>
<tr><td>5. 调参数</td><td colspan="5">在主机的转换开关上选择三角焊接模式，并调整合适的焊接电流和时间</td><td>4</td><td>□是 □否</td></tr>
<tr><td>6. 试焊</td><td colspan="5">在靠近搭铁且不必修理的位置进行试焊，观察试焊点的形状，根据所需的焊接强度进行适当的调整</td><td>4</td><td>□是 □否</td></tr>
<tr><td rowspan="3">7. 门板整形作业</td><td colspan="5">①将三角焊片焊于门板损伤区域</td><td>4</td><td>□是 □否</td></tr>
<tr><td colspan="5">②利用惯性锤的撞击力将凹陷沿受损力相反方向拉出</td><td>4</td><td>□是 □否</td></tr>
<tr><td colspan="5">③放松应力。
注：拉伸操作过程中，需不时地用钣金锤敲击三角焊片周围，以达到放松应力，直至修复平整</td><td>4</td><td>□是 □否</td></tr>
<tr><td rowspan="3">8. 收火作业</td><td colspan="5">①将外形修复机调至收火作业功能，并调节焊接电流至适当参数</td><td>4</td><td>□是 □否</td></tr>
<tr><td colspan="5">②收火作业试焊。
注：靠近搭铁较近且不必修理的位置进行试焊，观察试焊点热收缩加热情况，根据实际修理所需的热收缩热量进行适当的调整</td><td>4</td><td>□是 □否</td></tr>
<tr><td colspan="5">③热收缩作业。热收缩作业需根据门板修复时的凸点情况，决定碳棒在板件上的停留时间；热收缩时要使用压缩空气进行快速冷却</td><td>4</td><td>□是 □否</td></tr>
</table>

姓名		班级		日期		成绩	

项目	实施要点	配分	完成情况
9. 质量检查	①目视检查修复后板件的外观，外观应平整无穿孔	4	□是 □否
	②用刚直尺对整形部位进行测量，应在原板件平面 1 mm 以内，不得高于原板面。 注：质量检查要贯穿整个修复过程，避免过度修复	4	□是 □否
10. 打磨焊点	拉伸修复操作完成后，在盘式打磨机上安装打磨砂纸，轻轻地对板件进行打磨，把焊点打磨掉	4	□是 □否
11. 清洁	用吹尘枪除尘，抹布清洁	4	□是 □否
12. 防腐	对板件上去除旧涂层的部分裸铁区域进行防腐处理，板件上焊点对应的背面和搭铁位置也要进行防腐处理	4	□是 □否
	三、最终质量检查		□是 □否
最终质量检查	低于板面高度______mm，长度______mm，判断是否合格	4	□是 □否
	高于板面高度______mm，长度______mm，判断是否合格	4	□是 □否
	四、现场 6S 管理		
现场 6S 管理	操作过程中工量具、工件是否掉落或落地	2.5	□是 □否
	零部件摆放是否不当，或摆放是否存在安全隐患	2.5	□是 □否
	操作完成后设备、工量具是否清洁或归位	2.5	□是 □否
	是否清洁场地	2.5	□是 □否
实训总结			
教师评价			

任务工单三　综合整形法修复钢制门板

<table>
<tr><td>姓名</td><td></td><td>班级</td><td></td><td>日期</td><td></td><td>成绩</td><td></td></tr>
<tr><td>任务目标</td><td colspan="7">1. 能根据车身的损伤类型合理选用修复工具;
2. 能够熟练运用各类维修方法对钢制受损门板进行修复</td></tr>
<tr><td>安全事项</td><td colspan="7">1. 注意用气安全，压缩空气严禁对人;
2. 注意用电安全</td></tr>
<tr><td>任务准备</td><td colspan="7">防护用品：工作服、手套、防护眼镜、耳罩、防尘口罩、绝缘鞋；设备工具：组合修复工具、外形修复机及附件、钣金手工整形修复工具、大力钳、圆盘打磨机、吹尘枪、带式打磨机；辅助材料：门板、门板固定支架</td></tr>
<tr><td>项目</td><td colspan="5">实施要点</td><td>配分</td><td>完成情况</td></tr>
<tr><td colspan="8">一、操作前准备工作</td></tr>
<tr><td>1. 固定板件</td><td colspan="5">将已制作好损伤的教学专用门板固定在车门固定支架上</td><td>3</td><td>□是 □否</td></tr>
<tr><td rowspan="2">2. 防护用品的穿戴</td><td colspan="5">穿着工作服</td><td rowspan="2">3</td><td>□是 □否</td></tr>
<tr><td colspan="5">穿戴防护手套、安全防护鞋、防护眼镜、耳罩</td><td>□是 □否</td></tr>
<tr><td colspan="8">二、修复受损门板</td></tr>
<tr><td>1. 定方案</td><td colspan="5">判断损伤区域，确定维修方案。
注：通过观察、触摸、测量等方法断定门板的受损程度，用油性记号笔在门板上画出受损区域</td><td>3</td><td>□是 □否</td></tr>
<tr><td>2. 初修</td><td colspan="5">用锤子与顶铁的锤击法对直接损伤区域进行敲击修复。
注：初修阶段，为提高修复的效率可适当加大敲击的力度</td><td>3</td><td>□是 □否</td></tr>
<tr><td rowspan="3">3. 打磨油漆层</td><td colspan="5">使用盘式打磨机对损伤区域进行打磨，要求打磨成长轴≥240 mm、短轴≥160 mm的类似椭圆形，打磨边缘平滑</td><td>3</td><td>□是 □否</td></tr>
<tr><td colspan="5">在门板边缘处打磨出搭铁区域</td><td>3</td><td>□是 □否</td></tr>
<tr><td colspan="5">采用吹尘枪和干净的抹布对打磨区域进行清洁</td><td>3</td><td>□是 □否</td></tr>
<tr><td rowspan="4">4. 拉拔筋线</td><td colspan="5">①将外形修复机调整至介子片模式，选择合适的参数</td><td>3</td><td>□是 □否</td></tr>
<tr><td colspan="5">②筋线处焊接成排OT形介子片，用拉杆将介子串起</td><td>3</td><td>□是 □否</td></tr>
<tr><td colspan="5">③采用快速维修组合工具整体拉伸修复门板筋线</td><td>3</td><td>□是 □否</td></tr>
<tr><td colspan="5">④选择组合工具中的长杆组件对筋线进行整体拉拔作业，同时用钣金锤敲击筋线周边，以放松周围应力</td><td>3</td><td>□是 □否</td></tr>
<tr><td rowspan="3">5. 拉拔纵向凹陷</td><td colspan="5">①纵向凹陷内焊接成排OT形介子片，用拉杆将介子串起</td><td>3</td><td>□是 □否</td></tr>
<tr><td colspan="5">②采用快速维修组合工具整体拉伸纵向凹陷</td><td>3</td><td>□是 □否</td></tr>
<tr><td colspan="5">③选择组合工具中的长杆组件对纵向凹陷进行整体拉拔作业，同时用钣金锤敲击筋线周边，以放松周围应力</td><td>3</td><td>□是 □否</td></tr>
<tr><td>6. 检查</td><td colspan="5">用门板专用卡尺检查修复后的平面，检查损伤恢复程度，并在门板上标记出高低点的位置</td><td>3</td><td>□是 □否</td></tr>
<tr><td>7. 局部凹陷修复</td><td colspan="5">①在使用单点拉伸时，电流、焊接时间调节要合适，正式焊接前，应先进行试焊;
②要找准拉伸的低凹位置，拉拔顺序是由外向里;
③每次拉拔力度不能过大，以免出现高点</td><td>4</td><td>□是 □否</td></tr>
</table>

姓名		班级		日期		成绩	

项目	实施要点	配分	完成情况
8. 收火作业	①调至收火作业功能，并调节焊接电流至适当参数	3	□是 □否
	②收火作业试焊	3	□是 □否
	③热收缩作业	3	□是 □否
9. 质量检查	①目视检查修复后板件的外观，外观应平整无穿孔	3	□是 □否
	②用刚直尺对整形部位进行测量，应在原板件平面 1 mm 以内，不得高于原板面。 注：质量检查要贯穿整个修复过程，避免过度修复	3	□是 □否
10. 精修	①继续使用钣金锤配合顶铁敲击法，结合碳棒收火作业对损伤进行精修	4	□是 □否
	②反复用手掌面和测量尺对损伤区进行测量，直至将板面修复平整	4	□是 □否
11. 打磨焊点	拉伸修复操作完成后，在盘式打磨机上安装打磨砂纸，轻轻地对板件进行打磨，把焊点打磨掉	3	□是 □否
12. 清洁	用吹尘枪除尘，抹布清洁	3	□是 □否
13. 防腐	对板件上去除旧涂层的部分裸铁区域进行防腐处理，板件上焊点对应的背面和搭铁位置也要进行防腐处理	3	□是 □否
	三、最终质量检查		
最终质量检查	低于板面高度______mm，长度______mm，判断是否合格	3	□是 □否
	高于板面高度______mm，长度______mm，判断是否合格	3	□是 □否
	原折痕位置有______处明显______痕迹，长度______mm，判断是否合格	3	□是 □否
四、现场 6S 管理			
现场 6S 管理	操作过程中工量具、工件是否掉落或落地	2.5	□是 □否
	零部件摆放是否不当，或摆放是否存在安全隐患	2.5	□是 □否
	操作完成后设备、工量具是否清洁或归位	2.5	□是 □否
	是否清洁场地	2.5	□是 □否
实训总结			
教师评价			

任务工单四　用铝外形修复机修复铝板

<table>
<tr><td>姓名</td><td></td><td>班级</td><td></td><td>日期</td><td></td><td>成绩</td><td></td></tr>
<tr><td>任务目标</td><td colspan="7">1. 能够正确使用铝外形修复机；
2. 能够用铝外形修复机修复铝制板件</td></tr>
<tr><td>安全事项</td><td colspan="7">1. 注意用气安全，压缩空气严禁对人；
2. 注意用电安全</td></tr>
<tr><td>任务准备</td><td colspan="7">场地：铝车身修复实训车间；设备工具：铝外形修复机及附件、铝板手工修复工具套装、钢丝刷、大力钳、尖嘴钳、打磨机；防护用品：工作服、手套、防护眼镜、耳罩、防尘口罩、绝缘鞋；辅助材料：铝板、焊接架</td></tr>
<tr><td>项目</td><td colspan="5">实施要点</td><td>配分</td><td>完成情况</td></tr>
<tr><td rowspan="2">1. 防护用品的穿戴</td><td colspan="5">穿着工作服</td><td rowspan="2">10</td><td>□是 □否</td></tr>
<tr><td colspan="5">穿戴防护手套、安全防护鞋、防护眼镜、耳罩</td><td>□是 □否</td></tr>
<tr><td rowspan="4">2. 修复受损铝板</td><td colspan="5">清除铝板氧化层。
注：清洁后应该马上焊接，时间长了表面会重新氧化，超过 2 h 需要重新清除氧化层</td><td>10</td><td>□是 □否</td></tr>
<tr><td colspan="5">焊接焊钉。
注：把焊钉用一定力压在板件上（不能太大或太小），焊钉要与板件接触面垂直，按压焊枪的起动开关，焊钉通电后会焊接在铝板上</td><td>20</td><td>□是 □否</td></tr>
<tr><td colspan="5">拉伸修复凹陷。
①把拉伸连接件拧到焊钉的螺纹上；
②通过拉伸连接件对板件凹陷处进行拉伸操作。动作要轻柔，力要慢慢加大，防止局部变形过大，拉伸同时可以用钣金锤对拉伸部位进行敲击整形</td><td>20</td><td>□是 □否</td></tr>
<tr><td colspan="5">清除铝焊钉，磨平表面。
①拉伸完毕后，用尖嘴钳清除焊接在表面的焊钉；
②焊接部位用锉或打磨机打磨平整</td><td>10</td><td>□是 □否</td></tr>
<tr><td rowspan="2">3. 质量检查</td><td colspan="5">低于板面高度______mm，长度______mm，判断是否合格</td><td>10</td><td>□是 □否</td></tr>
<tr><td colspan="5">高于板面高度______mm，长度______mm，判断是否合格</td><td>10</td><td>□是 □否</td></tr>
<tr><td rowspan="4">现场 6S 管理</td><td colspan="5">操作过程中工量具、工件是否掉落或落地</td><td>2.5</td><td>□是 □否</td></tr>
<tr><td colspan="5">零部件摆放是否不当，或摆放是否存在安全隐患</td><td>2.5</td><td>□是 □否</td></tr>
<tr><td colspan="5">操作完成后设备、工量具是否清洁或归位</td><td>2.5</td><td>□是 □否</td></tr>
<tr><td colspan="5">是否清洁场地</td><td>2.5</td><td>□是 □否</td></tr>
<tr><td>实训总结</td><td colspan="7"></td></tr>
<tr><td>教师评价</td><td colspan="7"></td></tr>
</table>

思考与练习

一、填空题

1. 锤击敲击法有__________和__________两种。

2. 手工整形简单灵活，一般用于__________、小型型钢和小型结构件的局部变形矫正。

3. 通常在修复车身表面凹凸变形时，常常采用的手工整形方法是__________与__________配合的锤击整形法。

4. 车身外形修复机常用的功能有__________、__________和__________三种。

5. 单点拉拔也可称__________，是指使用具有__________的拉锤焊接或焊接单个垫片，对局部或比较轻微的凹陷进行拉拔的方法。

6. 外形修复机常用的拉拔方法主要有__________和__________两种。

7. 单点拉拔所影响的范围__________，通常以__________的形式表现。

8. 多点拉拔也称__________，是指焊接成排介子片或蛇形线等，通过一定的连接方式，使用______牵引，使每个介子片或蛇形线的焊接部位均匀受力，从而将损伤部位整体拉出的方法。

9. 使用外形修复机拉拔时，应根据__________，注意控制力量的大小。力量太小，起不到应有的效果，力量较大往往会造成凸起点__________，对后期的修平造成一定的难度。

10. 在使用外形修复机正式焊接前一定要进行__________，调整合适的焊接参数，__________，会将板件焊穿，电流过小，焊接不牢固，参数的调整应__________逐步调节。

11. 车身板件损伤的类型主要有两种即直接损伤和__________。

12. 间接损伤的类型主要包括单纯铰折、凹陷铰折和__________、__________四种。

二、选择题

1. 铁锤在垫铁上敲击法和铁锤不在垫铁上的敲击法对金属有什么影响？（　　）

A. 前者整平金属，后者拉伸金属

B. 前者拉伸金属，后者整平金属

C. 力度大时拉伸金属，力度小时整平金属

2. 下面哪个说法是正确的？（　　）

A. 受到拉伸的部位不存在应力

B. 受到压缩的部位不存在应力

C. 前两者都存在加工硬化

3. 车身板件受到的间接损伤的类型，下面列举的哪个是？（　　）

A. 单纯的凹陷　　B. 单纯的铰折　　C. 单纯的隆起

4. 在被修复的板件受损程度较轻，凹陷不深的情况下，应选用下列哪种焊片？（　　）

A. 蛇形焊拉条　　B. 圆环形介子　　C. OT 焊片　　D. 三角焊片

5. 将垫铁和整形锤的力作用在不同的点上的敲击方法，称为（　　）法。

A. 正位敲击　　B. 错位敲击　　C. 虚敲

6. 金属材料在外力作用下，尺寸和形状发生改变，当外力消失后，金属材料可以恢复到原来的尺寸，这种变形称为（　　）。

A. 弹性变形　　B. 塑性变形　　C. 加工硬化

7. 采用外形修复机作业时，应根据损伤程度、面积、部位等实际情况，合理选择焊接方式与拉拔方法。一般针对大面积的双层结构板件、转角过渡处和车门立柱等较重的损伤应采用（　　）。

A. 单点拉伸法　　B. 整体拉伸法　　C. 敲击法

三、简答题

1. 简述锤击整形法的特点。

2. 运用锤击法整形时的注意事项有哪些？

3. 简述外形修复机的使用方法。

4. 损伤的检查方法有哪些？

5. 常见铝板的校正方法有哪些？

项目七　车身焊接技术

任务工单一　使用 MAG 焊机进行对接连续点焊

姓名		班级		日期		成绩	
任务目标	1. 能正确对 MAG 焊机进行焊接参数调整; 2. 能正确使用 MAG 焊机进行连续点焊操作						
安全事项	1. 注意用气安全，压缩空气严禁对人; 2. 注意用电安全						
任务准备	工具设备: MAG 焊机、环带打磨机、焊接工作桌、焊接支架; 防护用品: 焊接服、焊接手套、焊接面罩、焊接护腿、安全鞋、耳罩、口罩; 辅助材料: 试焊片、焊接架、大力钳						

项目	实施要点	配分	完成情况
1. 人员安全防护	穿着焊接服	2	□是 □否
	穿戴防护手套、安全防护鞋		□是 □否
	戴耳罩、口罩、面罩、护目镜		□是 □否
2. 清洁试焊片	使用清洁剂用抹布擦拭焊片正反面，以免影响焊接质量	4	□是 □否
3. 调整焊片间隙	①将两试焊片对接，中间间隙建议为试焊片的板厚	4	□是 □否
	②使用大力钳或专用焊接支架夹紧两焊片	4	□是 □否
4. 调整焊接高度	将焊接工作桌支架调整到大约与肩等高的位置，以便焊接时观察焊接熔池	4	□是 □否
5. 开机	打启焊机电源开关，旋转操作模式旋钮，选择“两步模式”，调整焊接挡位	4	□是 □否
	根据焊片的厚度、焊接位置、焊丝直径等情况来调整焊接挡位和焊接电流。 注: 焊接前，可按照焊机使用说明书建议，大致调整，最终需要通过试焊进行验证	4	□是 □否
6. 打开气瓶	打开流量计阀门，启动焊枪开关，调整混合气体流量。气体流量应控制在________L/min 范围内	4	□是 □否
7. 调整出丝速度	出丝速度可按照焊机说明书建议大致调整，最终需要通过试焊进行验证、微调	4	□是 □否
8. 检查焊枪	①仔细清理焊枪喷嘴内焊渣	4	□是 □否
	②检查导电嘴位置是否正常	4	□是 □否
	③检查焊丝伸出导电嘴的长度。剪掉多余焊丝，留出大约________mm 的长度	4	□是 □否

姓名		班级		日期		成绩	

项目	实施要点	配分	完成情况
9. 试焊	①左手轻轻贴在焊片上，右手握住焊枪自然搭左手在食指上，保持与垂直焊片方向________夹角	4	□是 □否
	②喷嘴与焊片留出________mm 距离，焊丝对准焊缝间隙，检查运行轨迹是否顺畅	4	□是 □否
	③进行试焊，目测检查焊缝质量。 注：根据焊接时的感官现象，适当调整出丝速度	4	□是 □否
10. 定位焊	①根据焊片厚度决定定位点的间距，车身薄钢板焊接定位点距离建议为板材厚度的________倍； 注：定位点间距不能过大，否则容易使工件在焊接过程容易发生扭曲变形，左右两侧板面容易出现高低面差	4	□是 □否
11. 打磨定位焊点	①定位焊后检查焊接工件两侧板面是否平整，若不平整需先用锤子等工具进行整平	4	□是 □否
	②用环带打磨机打磨定位焊点	4	□是 □否
13. 检查焊缝外观质量	焊缝宽度________mm，超评分标准要求长度每 5 mm 为一处，共________处，是否合格	5	□是 □否
	焊缝高度________mm，超评分标准要求长度每 5 mm 为一处，共________处，是否合格	5	□是 □否
	焊缝弯曲________mm，是否合格	5	□是 □否
	对接连续点焊熔穿共________处，是否合格	5	□是 □否
14. 现场 6S 管理	操作过程中工量具、工件是否掉落或落地	2.5	□是 □否
	零部件摆放是否不当，或摆放是否存在安全隐患	2.5	□是 □否
	操作完成后设备、工量具是否清洁或归位	2.5	□是 □否
	是否清洁场地	2.5	□是 □否
实训总结			
教师评价			

任务工单二　使用电阻点焊机进行双面点焊

<table>
<tr><td>姓名</td><td></td><td>班级</td><td></td><td>日期</td><td></td><td>成绩</td><td></td></tr>
<tr><td>任务目标</td><td colspan="7">1. 能正确对电阻点焊机进行焊接参数调整；
2. 能正确使用电阻点焊机进行双面点焊</td></tr>
<tr><td>安全事项</td><td colspan="7">1. 注意用气安全，压缩空气严禁对人；
2. 注意用电安全</td></tr>
<tr><td>任务准备</td><td colspan="7">工具设备：电阻点焊机、环带打磨机、焊接工作桌、焊接架、大力钳、划针、钢板尺；防护用品：焊接服、焊接手套、焊接面罩、耳罩、安全鞋、抹布；辅助材料：试焊片、清洁剂、防锈底漆</td></tr>
<tr><td>项目</td><td colspan="5">实施要点</td><td>配分</td><td>完成情况</td></tr>
<tr><td rowspan="3">1. 人员安全防护</td><td colspan="5">穿着焊接服</td><td rowspan="3">5</td><td>□是 □否</td></tr>
<tr><td colspan="5">穿戴防护手套、安全防护鞋</td><td>□是 □否</td></tr>
<tr><td colspan="5">戴耳罩、口罩、面罩、护目镜</td><td>□是 □否</td></tr>
<tr><td rowspan="2">2. 清洁试焊片，做防锈处理</td><td colspan="5">①戴上手套，使用清洁剂用抹布擦拭两块试焊片正反面，以免影响焊接质量</td><td>4</td><td>□是 □否</td></tr>
<tr><td colspan="5">②试焊片表面和端面均匀涂抹一层防锈底漆</td><td>4</td><td>□是 □否</td></tr>
<tr><td rowspan="3">3. 画焊点中心线、焊接辅助线</td><td colspan="5">①用划针和直尺在试焊片短边标记中心点，划针贴住直尺，用力画出竖向中心线</td><td>4</td><td>□是 □否</td></tr>
<tr><td colspan="5">②在中心线一侧 6 mm 划出焊接辅助线。
注：焊接辅助线离焊点距离 = 电极头半径（约 6 mm）</td><td>4</td><td>□是 □否</td></tr>
<tr><td colspan="5">在中心线上分别间隔 25 mm 画出横向中心线</td><td>4</td><td>□是 □否</td></tr>
<tr><td>4. 夹紧两块试焊片</td><td colspan="5">调整焊接支架高度，将焊片重叠，使用大力钳在焊接支架上夹紧</td><td>5</td><td>□是 □否</td></tr>
<tr><td rowspan="5">5. 焊接前检查和调整工作</td><td colspan="5">检查电阻焊机气压是否在 0.6~0.8 MPa，超出范围，应进行调整</td><td>5</td><td>□是 □否</td></tr>
<tr><td colspan="5">检查电极头表面是否正常</td><td>5</td><td>□是 □否</td></tr>
<tr><td colspan="5">试焊片放置到两个电极头位置，启动开关检查电极头是否对正</td><td>5</td><td>□是 □否</td></tr>
<tr><td colspan="5">打开电源开关，将模式按钮调整为“双面点焊模式”</td><td>5</td><td>□是 □否</td></tr>
<tr><td colspan="5">电流、焊接时间的调整按照焊机使用说明书、材质、板厚等情况进行初步调节</td><td>5</td><td>□是 □否</td></tr>
<tr><td rowspan="2">6. 双面点焊焊接操作</td><td colspan="5">焊接前先把电极头轻轻抵住焊片，保持稳定，并仔细观察，将电极头边缘与辅助线对齐，保证焊接在中点位置</td><td>5</td><td>□是 □否</td></tr>
<tr><td colspan="5">点动一挡压力开关，慢慢收紧电极臂，同时观察焊片是否摆动。
注：根据焊片摆动方向，调整焊枪角度，保证电极比垂直于焊片</td><td>5</td><td>□是 □否</td></tr>
</table>

姓名		班级		日期		成绩	

项目	实施要点	配分	完成情况
7. 焊点的质量检验	焊点是否有熔穿孔、颜色是否全部变蓝、焊点外圈是否不连续、是否出现熔敷物现象，判断是否合格	5	□是 □否
	熔焊直径________mm，判断是否合格	5	□是 □否
	焊点偏离中心________ ± 1 mm，判断是否合格	5	□是 □否
	电阻点焊失圆________ ± 0.5 mm，判断是否合格	5	□是 □否
	采用扭曲破坏试验检查焊点强度，判断是否合格	5	□是 □否
8. 现场 6S 管理	操作过程中工量具、工件是否掉落或落地	2.5	□是 □否
	零部件摆放是否不当，或摆放是否存在安全隐患	2.5	□是 □否
	操作完成后设备、工量具是否清洁或归位	2.5	□是 □否
	是否清洁场地	2.5	□是 □否
实训总结			
教师评价			

思考与练习

一、填空题

1. 熔化极活性气体保护焊（MAG 焊）的焊接参数主要有__________、__________、导电嘴到工件的距离、焊枪角度、__________、保护气体流量、__________等。

2. 在进行焊接作业时，焊枪移动的速度可以根据工件的__________和焊接__________二个因素决定。

3. 焊接作业时焊枪可以向前推，也可以向后拉，焊枪向前推的焊接方法为__________，焊枪向后拉的焊接方法为__________。

4. 电弧长度直接影响焊接效果的好坏，而由电弧电压决定电弧长度。电弧电压过高时，电弧的长度__________，焊接宽度变__________，焊接熔深__________，焊缝呈扁平状。

5. 焊接电流强度增强，焊接熔__________、剩余金属的高度和焊缝的宽度也会随着__________。

6. 电阻点焊是利用__________电压、__________强度的电流通过被电极加紧的叠加金属板件，利用金属板件本身的__________产生的热量熔化金属，待局部成半熔融状态时加压、冷却后接合成为一体的焊接方式。

7. 电阻点焊的焊接过程经过了__________、__________、保压成形三个过程。

8. 电阻点焊的焊接电流对焊接产生的热量大小影响__________，热量与电流的平方成正比。焊接电流小，焊点融核的尺寸__________，焊接焊透率__________，随着焊接电流增大，焊点融核的尺寸__________，焊接的焊透率__________。

9. 焊枪电极的压力太大，则接触电阻__________，散热加强，因而总热量__________，使焊接部不能达到充分熔融的温度，所以焊点熔核尺寸__________。

10. 电阻点焊焊点质量一般可采用三种方法进行检测：__________、__________、非破坏性试验法。

11. 破坏性试验法有__________和__________。

二、选择题

1. CO_2 焊接保护气体使用（　　）。

A. CO_2　　B. NO_2　　C. O_2　　D. Ar

2. MIG 焊接保护气体使用（　　）。

A. CO_2　　B. Ar+He　　C. $Ar+O_2$　　D. $Ar+CO_2$

3. MAG 焊接保护气体使用（　　）。

A. CO_2　　B. Ar+He　　C. $Ar+O_2$　　D. $Ar+CO_2$

4. 焊接作业前需调整导电嘴到工件的距离为（　　）。

A. 5~7 mm　　B. 8~15 mm　　C. 15~20 mm　　D. 20~25 mm

5. 焊接作业前需调整导电嘴到喷嘴的距离大约为（　　）。

A. 1 mm　　B. 3 mm　　C. 5 mm　　D. 6 mm

6. 焊枪角度都应在（　　）。

A. 5° ~25°　　B. 25° ~35°　　C. 30° ~45°　　D. 40° ~50°

7. 采用电阻点焊进行车身修复时，采用增加焊点的数量来保证焊接的强度。一般在生产厂的点焊数量上增加（　　）左右。

A. 10%　　B. 20%　　C. 30%　　D. 40%

三、思考题

1. 简述熔化极活性气体保护焊（MAG 焊）的特性。

2. 简述 MAG 焊气孔、凹坑缺陷产生的原因和改进措施。

3. 简述 MAG 焊咬边缺陷产生的原因和改进措施。

4. 简述 MAG 焊飞溅物多缺陷产生的原因和改进措施。

5. 导电嘴到工件的距离过大和过小对焊接质量有何影响？

6. 焊接速度过快和过慢对焊接质量有何影响？

7. 电阻点焊操作时工件焊接表面的间隙对焊接质量有何影响？应该怎样正确操作？

项目八　车身测量与校正

任务工单一　使用 SHARK 超声波系统进行车身测量

<table>
<tr><td>姓名</td><td></td><td>班级</td><td></td><td>日期</td><td></td><td>成绩</td><td></td></tr>
<tr><td>任务目标</td><td colspan="7">1. 能正确操作 SHARK 超声波系统以及各种测量接头；
2. 能正确使用 SHARK 超声波系统进行车身测量</td></tr>
<tr><td>安全事项</td><td colspan="7">1. 注意用气安全，压缩空气严禁对人；
2. 注意用电安全</td></tr>
<tr><td>任务准备</td><td colspan="7">场地：车身修复实训车间；设备：BANTAM-SHARK3 超声波电子测量系统、车身校正仪、吉利博瑞车身；防护用品：工作服、防护眼镜、棉线手套、安全帽、安全鞋、抹布等</td></tr>
<tr><td>项目</td><td colspan="5">实施要点</td><td>配分</td><td>完成情况</td></tr>
<tr><td rowspan="2">1. 人员安全防护</td><td colspan="5">穿着工作服</td><td rowspan="2">6</td><td>□是 □否</td></tr>
<tr><td colspan="5">穿戴手套、安全帽、安全鞋</td><td>□是 □否</td></tr>
<tr><td>2. 系统连接</td><td colspan="5">电缆一端连接到测量铝梁端口上，另一端连接到机柜的接口上 BEAM 端口</td><td>6</td><td>□是 □否</td></tr>
<tr><td>3. 进入系统界面</td><td colspan="5">打开计算机，进入测量系统。
注：双击 SHARK 快捷方式进入系统欢迎界面，按“F1”进入系统界面</td><td>6</td><td>□是 □否</td></tr>
<tr><td rowspan="3">4. 记录信息</td><td colspan="5">输入客户信息。
注：按“F1”进入填写信息界面，新客户需要进行信息填写，老客户可直接从客户列表中选取</td><td>6</td><td>□是 □否</td></tr>
<tr><td colspan="5">输入车辆信息。
注：客户信息输入完毕后按“OK”键进入车辆选择界面</td><td>6</td><td>□是 □否</td></tr>
<tr><td colspan="5">信息确认或修改。
注：车型选择完毕后，按“OK”键进入信息确认或修改界面</td><td>6</td><td>□是 □否</td></tr>
<tr><td rowspan="2">5. 测量准备界面</td><td colspan="5">按“F1”进入测量准备界面。
注：根据车辆受损情况按“Page Up”和“Page Down”，或通过左右箭头键选择有无悬架</td><td>6</td><td>□是 □否</td></tr>
<tr><td colspan="5">按“F4”键可选择横梁方向。
注：一般要求横梁箭头方向与车头方向一致</td><td>6</td><td>□是 □否</td></tr>
<tr><td rowspan="2">6. 选择测量基准</td><td colspan="5">按“F1”键，进入基准点选择界面。
注：
①一般选择 A 和 B 作为测量的基准点；
②选用合适附件，在车辆相应的点上安装测量头和超声波发射器，把超声波发射器的连接线连接到选定的接口上，并使发射器发射孔朝向测量铝梁</td><td>6</td><td>□是 □否</td></tr>
<tr><td colspan="5">按“F1”进入参考点界面。
注：根据提示安装测量头和超声波发射器，并使发射器发射孔朝向测量铝梁</td><td>6</td><td>□是 □否</td></tr>
</table>

姓名		班级		日期		成绩	

<table>
<tr><th>项目</th><th>实施要点</th><th>配分</th><th>完成情况</th></tr>
<tr><td rowspan="3">7. 安装测量点超声波发射器</td><td>①按“F1”进入其他测量点界面；
注：根据车身损坏情况来选择车身测量点，按照计算机的提示选择合适的测量点安装头</td><td>6</td><td>□是 □否</td></tr>
<tr><td>②根据对话框选用合适附件，在车辆相应的点上安装测量头和超声波发射器</td><td>6</td><td>□是 □否</td></tr>
<tr><td>③把超声波发射器的连接线连接到测量铝梁选定的接口上，并使发射器发射孔朝向测量铝梁。
注：接口“7”与“8”、“9”与“10”、“11”与“12”左右对应，不能差错顺序</td><td>6</td><td>□是 □否</td></tr>
<tr><td>8. 选择测量模式</td><td>按“F1”进入测量界面。
注：计算机根据需要能自动地把测量的实际值、标准数值和两者差值显示出来，测量界面中左侧为每一点标准值、测量值和差值，右侧为各点的差值</td><td>6</td><td>□是 □否</td></tr>
<tr><td>9. 进入打印界面</td><td>退回到测量界面后按“F7”进入打印界面，可根据需要打印相应的结果</td><td>6</td><td>□是 □否</td></tr>
<tr><td rowspan="4">10. 现场 6S 管理</td><td>操作过程中工量具、工件是否掉落或落地</td><td>2.5</td><td>□是 □否</td></tr>
<tr><td>零部件摆放是否不当，或摆放是否存在安全隐患</td><td>2.5</td><td>□是 □否</td></tr>
<tr><td>操作完成后设备、工量具是否清洁或归位</td><td>2.5</td><td>□是 □否</td></tr>
<tr><td>是否清洁场地</td><td>2.5</td><td>□是 □否</td></tr>
<tr><td>实训总结</td><td colspan="3"></td></tr>
<tr><td>教师评价</td><td colspan="3"></td></tr>
</table>

任务工单二　使用车身校正仪校正车身前纵梁

<table>
<tr><td>姓名</td><td></td><td>班级</td><td></td><td>日期</td><td></td><td>成绩</td><td></td></tr>
<tr><td>任务目标</td><td colspan="7">1. 能正确使用车身校正仪和各类校正附件校正车身；
2. 能正确使用车身校正仪校正车身前纵梁</td></tr>
<tr><td>安全事项</td><td colspan="7">1. 注意用气安全，压缩空气严禁对人；
2. 注意用电安全</td></tr>
<tr><td>任务准备</td><td colspan="7">场地：车身修复实训车间；设备：BANTAM-SHARK3 超声波电子测量系统、车身校正仪、各类校正附件、吉利博瑞车身；防护用品：工作服、防护眼镜、棉线手套、安全帽、安全鞋、抹布等</td></tr>
<tr><td>项目</td><td colspan="5">实施要点</td><td>配分</td><td>完成情况</td></tr>
<tr><td rowspan="2">1. 人员安全防护</td><td colspan="5">穿着工作服</td><td rowspan="2">5</td><td>□是 □否</td></tr>
<tr><td colspan="5">穿戴手套、安全帽、安全鞋</td><td>□是 □否</td></tr>
<tr><td>2. 固定车身</td><td colspan="5">用校正仪平台主夹具固定车身。
注：检查车身校正仪的主夹具螺栓紧固是否牢靠</td><td>4</td><td>□是 □否</td></tr>
<tr><td>3. 系统连接</td><td colspan="5">电缆一端连接到测量铝梁端口上，另一端连接到机柜的接口上 BEAM 端口</td><td>4</td><td>□是 □否</td></tr>
<tr><td>4. 进入系统界面</td><td colspan="5">打开计算机，进入测量系统。
注：双击 SHARK 快捷方式进入系统欢迎界面，按“F1”进入系统界面</td><td>4</td><td>□是 □否</td></tr>
<tr><td rowspan="3">5. 记录信息</td><td colspan="5">①输入客户信息</td><td>3</td><td>□是 □否</td></tr>
<tr><td colspan="5">②输入车辆信息</td><td>3</td><td>□是 □否</td></tr>
<tr><td colspan="5">③信息确认或修改</td><td>3</td><td>□是 □否</td></tr>
<tr><td rowspan="2">6. 测量准备界面</td><td colspan="5">按“F1”进入测量准备界面</td><td>3</td><td>□是 □否</td></tr>
<tr><td colspan="5">按“F4”键可选择横梁方向。
注：一般要求横梁箭头方向与车头方向一致</td><td>3</td><td>□是 □否</td></tr>
<tr><td rowspan="2">7. 选择测量基准</td><td colspan="5">按“F1”键，进入基准点选择界面。
注：
①一般选择 A 和 B 作为测量的基准点；
②选用合适附件，在车辆相应的点上安装测量头和超声波发射器，把超声波发射器的连接线连接到选定的接口上，并使发射器发射孔朝向测量铝梁</td><td>3</td><td>□是 □否</td></tr>
<tr><td colspan="5">按“F1”进入参考点界面。
注：根据提示安装测量头和超声波发射器，并使发射器发射孔朝向测量铝梁</td><td>3</td><td>□是 □否</td></tr>
<tr><td>8. 前纵梁“q”点测量</td><td colspan="5">测量前纵梁的“q”点上，并记录测量数据。
“q”点实际宽度测量数据（学生填写）：
左：______mm　右：______mm

“q”点标准宽度测量数据（教师填写）：
左：______mm　右：______mm</td><td>4</td><td>□是 □否</td></tr>
</table>

姓名		班级		日期		成绩	

项目	实施要点	配分	完成情况
9. 移动拉伸塔柱到合适位置	采用推动塔柱的方式移动校正仪塔柱	4	□是 □否
	安装塔柱液压油管接头	4	□是 □否
	塔柱移动到合适位置后，用“T”形螺栓进行紧固	4	□是 □否
	开启主控柜上液压系统，将手柄置于“塔柱拉伸”一侧，并打开塔柱下方节流阀T形开关朝“ON”方向旋转	4	□是 □否
10. 安装校正拉伸的拉链	将尼龙带过前纵梁，并注意要将尼龙带、保险绳、链条拉钩三者连到一起	4	□是 □否
	锁紧拉链并调整拉链	4	□是 □否
11. “q”点拉伸校正	①在测量界面按“F2”会进入拉伸界面，按键盘字母“Y”，发射器会不间断测量，实时对“q”点进行监控	4	□是 □否
	②按控制手柄“上”键，待链条绷紧预紧后，松开塔柱上的导向环	4	□是 □否
	③远离塔柱一侧的前纵梁先拉伸，当宽度数据达到要求后，暂停并保持	4	□是 □否
	④保持一段时间后，按下控制手柄“下”键，链条松动，拧紧导向环手轮	4	□是 □否
	⑤重复拉伸数次，直到将此前纵梁测量点宽度数据校正至要求值	4	□是 □否
	⑥校正靠近塔柱侧的前纵梁。填写测量校正数值： 左：________mm　右：________mm	4	□是 □否
10. 现场6S管理	操作过程中工量具、工件是否掉落或落地	2.5	□是 □否
	零部件摆放是否不当，或摆放是否存在安全隐患	2.5	□是 □否
	操作完成后设备、工量具是否清洁或归位	2.5	□是 □否
	是否清洁场地	2.5	□是 □否
实训总结			
教师评价			

思考与练习

一、填空题

1. 车身测量一般要有三个测量基准，即__________、__________和__________。

2. 车身测量往往贯穿于车身修复作业的全过程，一般分为__________、__________和__________三个阶段。

3. 超声波测量系统是目前应用较多的一种车身测量设备。它属于__________电子测量系统，具有测量精度__________、测量稳定好、操作简便、高效的特点。

4. 超声波测量系统由超声波__________、__________（内含超声波接收器、发射器插孔）、控制柜（包括计算机）及测量点安装量头、测量头转换接头、适配器、磁性接杆和加长杆等配件组成。

5. 车身拉伸校正的常见方法主要有__________、__________和__________三种类型。

6. 基准面是车身三维测量的__________基准，是指与汽车车身底板平行并与车底有一定的距离的一个假想平面。

7. 中心面是车身三维测量的__________基准，是指将汽车车身沿宽度方向分成左右对等的两部分，且与基准面垂直一个假象平面。

8. 零平面也叫零点，是__________的基准。

9. 为防止将汽车拉离校正平台，当向一边拉伸力量较大时，一定要在__________的一边使用辅助牵拉固定。

10. 使用链条拉伸时，链条不能有__________，所有链节要在一条__________上。拉伸前，用导向环的固定手轮固定导向环高度，拉伸校正时要__________手轮。

二、选择题

1. 车身测量的三个基本要素是（　　）。

A. 点　　B. 线　　C. 面　　D. 体

2. 车身构件变形校正的顺序为（　　）。

A. 长 – 宽 – 高　　B. 宽 – 长 – 高　　C. 长 – 高 – 宽　　D. 高 – 长 – 宽

3. 在车身校正前纵梁 Y 点时，Y 点实际宽度测量数据左: 460 mm 右: 470 mm，如果 Y 点宽度标准数据为左: 450 mm 右: 480 mm，在校正时 Y 点左侧向（　　）边拉伸 10 mm，右侧向（　　）侧拉伸 10 mm。

A. 左 左　　B. 右 右　　C. 左 右　　D. 右 左

4. 为保证汽车正确的转向及操纵驾驶的性能，在车身修复后的车身尺寸配合公差不能超过（　　）。

A. 3 mm　　B. 4 mm　　C. 5 mm　　D. 6 mm

三、思考题

1. 为什么车身修复前要进行车身测量？
2. 对比测量法中测量点、数据链选择一般应遵循哪些原则？
3. 简述超声波测量法的原理。
4. 简述车身构件变形校正拉伸顺序。
5. 简述框架式车身校正仪和平台式校正仪的优缺点。

思考与练习答案

项目一　汽车车身修复安全与防护

一、填空题

1. 使用性能、机能、安全性指标; 2. 车身测量校正作业区、钣金加工作业区、车身损伤检查、拆卸、测量与校正; 3. 5~6、1.5~2、8~10; 4. 通用工作岗、气动工具工作岗; 5. 损伤鉴定、制订维修计划; 6. 损坏程度、费用; 7. 焊接时的伤害、噪声伤害; 8. 电源; 9. 安全帽

二、选择题

1. D　2. D　3. C　4. B　5. A

三、思考题

1. 答：确保车身各要素相对于基准要素之间的相互位置准确可靠；恢复车身结构件的刚度与强度；保证车身各部件的性能良好；恢复车身的亮丽外观，提高车身抵抗外界侵蚀的能力。

2. 答：汽车车身修复作业内容主要包括以下几方面：对需要修复的部位进行拆解和测量；对需要修复的部位进行钣金校正；车身板件防腐操作和填充成形。

3. 答：在维修车间移动车辆应注意以下几点：安全驾驶车辆；安全固定车辆；细心观察车辆周边状况；要确保断开电源。

4. 答：电器维修时应注意以下几点：在对电动设备和工具进行维修前要先切断电源，否则会有电击危险，严重的可能致人死亡；地面要保持无水，因为水能导电，如果带电导线落入水中会带来电击危险；在使用电动工具时必须保持车间地面的干燥；应确保电动工具和设备的电源线正确接地，如果电源线中的接地插头断裂，则应更换插头后再使用工具；应定期检查电线的绝缘层有无裂缝或裸露的电线，并及时更换有破损的电线。

5. 答：消防安全注意事项如下：车身修复车间禁止吸烟；车间内不允许随身携带火柴或打火机；易燃材料应远离热源；燃油箱应当排空后拆下。如果在燃油箱加油管周边进行车身修复作业，则应将加油口盖拧紧并盖上湿抹布；进行焊接或切割时，不要在油漆、稀释剂或其他可燃液体或材料周围进行焊接或切割；不要在蓄电池周围进行焊接或研磨；在车辆内饰周边进行焊接或切割时，应拆下座位或地板垫，或用一块浸水的布或焊接毯盖上，最好在旁边备一桶水或一个灭火器；灭火器应该定期检查、定期重新加注灭火剂；工作中不要让车辆上的导线短路；如果不慎引发火灾，不要惊慌，要谨慎处理，及时拨打报警电话，尽量贴近地面，避免吸入烟气。如果过热或烟气过大，要及时离开。

6. 答：因为镀锌钢材焊接时产生的焊接烟尘，切割钻孔时产生的金属微粒，打磨抛光时产生的微尘，清洗部件时挥发的溶剂，喷射防腐剂时挥发的液滴，都会被吸入人的呼吸系统中，对人体产生暂时的甚至永久的伤害，所以焊接作业时要佩戴呼吸器。车身修复作业中常用的呼吸保护器有防尘口罩和焊接用呼吸器两种。

7. 答：在维修车间工作时最好穿鞋头有金属片、防滑的安全鞋，在焊接时最好穿绝缘鞋，防止触电事故的发生。在腿部和脚部最好有焊接护腿和护脚保护。在操作时有时可能会跪在地上操作，应佩戴好护膝。

项目二　车身修复工具设备的使用与认知

一、填空题

1. 安全、说明书、危害人身安全；2. 清洁、无锈、锐利；3. 旋具、冲子；4. 通用、专用；5. 调整螺钉；6. 断开；7. 硬化；8. 压缩空气；9. 工作状态后；10. 压缩空气、旋转式气动工具、往复式气动工具；11. 加热、加压；12. 压力焊、低、大；13. 变压器、控制装置、焊枪。

二、选择题

1. ABCD　2. ABCD　3. AB　4. ABD

三、思考题

1. 答：操作手动工具时应注意以下几点：掌握工具的安全使用知识，阅读厂商的说明书，并只在该工具适用的工作范围中使用工具；手动工具要保持清洁、无锈、锐利的良好工作状况；使用前要检查手动工具是否有无裂纹、碎片、毛刺等情况；操作时不要把旋具、冲子或其他尖锐的工具放到口袋里，以免刺伤自己或损坏车辆。

2. 答：常用大力钳有 C 形大力钳、直嘴形大力钳、扁嘴形大力钳、U 形大力钳。C 形大力钳适用于小零件角钢的夹紧，适用于汽车车体、夹紧较深部位；直嘴形大力钳用于夹紧车身较厚部位，如前纵梁等；扁嘴形大力钳用于夹紧车身较薄部位。

3. 答：气动工具的安全操作步骤如下：修理和维护气动工具前，应先断开工具的压缩空气软管；在用气动工具对零件特别是小零件进行操作时，不要一手持零件，一手持气动工具操作，否则零件容易滑脱，造成手部的严重伤害；研磨修整时，应慢慢研磨，避免工具表面的硬化金属过热；气动工具都有压缩空气的极限警示；在进行研磨、钻孔、切割时一定要使用夹紧钳或台钳来固定零件；供气的软管不得变成锐角，遭受挤压或受到损坏时，应立即停止使用；更换气动工具附件时，须待气体全部排出，压力下降后，才可进行；使用冲击性气动工具时，须把工具置于工作状态后，才可通气。

4. 答：气动盘式打磨机的使用方法如下：使用前在气动盘式打磨机进气口滴入 1~2 滴气动工具专用润滑油，连接气管，启动开关润滑内部机件；根据气动盘式打磨机的规格尺寸、有孔或无孔选择匹配的砂纸；使用气动盘式打磨机时，一定要让圆盘稍有倾斜，应保持与打磨表面 15° ~20° 的夹角，并使圆盘只在边缘 2~3 cm 范围内与被打磨表面接触，以防全面接触而失控。并且不要用力下压圆盘，由于转速高，使用时一定要牢牢维持住打磨机；调整盘式打磨机与板面间的角度，先打磨出打磨区边缘，然后对边缘以内油漆进行打磨，且打磨区边缘要求平滑且形成羽状边。

5. 答：气动焊点去除钻使用方法如下：用内六角扳手安装平头钻头；在气动焊点去除钻进气口滴入 1~2 滴润滑油，启动开关润滑内部机件；调整钻头前后位置及支腿长度；使用样冲对板件的电阻点焊焊点中心进行定位；钻头尖端对准焊点中心点，启动开关，进行钻孔，没有铁屑排出时，停止钻孔。

6. 答：MAG 焊一般采用 25% CO_2 和 75% Ar 的混合气体。混合气体用以防止焊接熔池受到污染，可加大焊接熔深。

7. 答：电阻点焊与气体保护焊相比有以下优点：经济性好。没有焊丝、焊条或保护气体等消耗，焊接成本比气体保护焊低；环保性好。焊接过程中不会产生焊接烟雾或蒸气，环保性比气体保护焊好；工艺简单。工件上的镀锌层不影响电阻点焊的质量，焊接时不需要去除；点焊完毕后也不需要研磨焊缝；效率高。焊接速度快，只需 1 s 或更短的时间便可焊接完毕；强度高。焊接时受热范围小，焊接件不易变形，焊接外观质量好。

项目三　轿车车身结构认知

一、填空题

1. <、6~9、9~12、14；2. 前、后；3. 2、4；4. 车架式、整体式、非承载式、承载式；5. 梯形车架、X 形车架、框式车架；6. 中心线、中心、内部空间；7. 前悬、后悬；8. 车架、荷载；9. 高、U、箱；10. 散热器支架、前翼子板、前挡泥板；11. 窗框车门、冲压成形车门、无窗框车门；12.FR 型、FF 型、MR 型；13. 车架、抗弯曲、抗扭曲。

二、选择题

1. C　2. A　3. C

三、思考题

1. 答：车架式车身具有以下特点：承载力强；离地间隙大；吸振能力强；安全性能好。

2. 答：车架式车身的前翼子板与整体式车身的前翼子板不同之处在于车架式车身上边内部和后端采用点焊连接在一起。

优势：不仅增加了翼子板的强度和刚性，并且与前挡泥板一起降低了传到乘客室的振动和噪声，也有利于减小悬架及发动机在受到侧向冲击时的损伤。

3. 答：整体式车身结构的特点：车身通过焊接的方式将主要部件连为一体，形成紧密的结构，在受到碰撞时可以有效保护车内人员；由于没有独立车架，车身紧挨地面，质心低，行驶稳定性较好；整体式车身内部的空间大，结构紧凑，质量轻，汽车可以实现小型化；整体式车身刚性较大，有助于传递和分散冲击能量致整个车身，使远离冲击点的一些部位也会有变形；当碰撞形式相同时，整体式车身的损坏形式要比车架式车身的损坏形式更为复杂，修复前要进行准确的损坏分析；车身一旦损坏变形，则需要采用特殊的（不会导致进一步损坏）程序来恢复原来的形状。

4. 答：非承载式车身特点：非承载式车身带有独立的刚性车架，车身通过弹性元件（弹簧或橡胶垫）和车架相连接。其车身只承受所载人员和行李的质量，而整车质量、路面冲击等负荷都由车架承担。这种车身结构历史非常悠久，在早期几乎所有汽车都采用这种结构。现在还有此种车身结构形式的车型如货车、皮卡、客车以及一些强调越野性能的纯种 SUV 车型。

承载式车身特点：车身本身承受所有载荷，其特点是没有独立的车架，只是在底盘、前舱等和悬架系统连接的地方进行了特别的加强。其车身不仅要承载乘员和行李的质量，还要直接承受静止以及运动中所受到的冲击和载荷。承载式车身主要由发动机舱盖、发动机舱、左右侧围、顶篷总成、底板总成、行李厢盖总成、前后车门总成以及车身附件组成。

5. 答：车身接近角指在汽车满载静止时，汽车车身前端突出点向前轮所引切线与地面的夹角；车身离去角指汽车满载静止时，汽车车身后端突出点向后车轮引切线与路面之间的夹角；纵向通过角指汽车空载、静止时，分别通过前、后车轮外缘作切线交于车体下部较低部位所形成的夹角。

项目四　汽车车身材料认知

一、填空题

1. 低、软、低、重; 2. 正火、回火、淬火; 3. 轻、好; 4. 氧化膜、抗蚀性; 5. 铸铝件、车身覆盖件; 6. 美观度、灵活性、减轻、降低; 7. 热塑性、热固性; 8. 视野、采光、安全防护; 9. 钢化、夹层; 10. 淬火、冲击性、热稳定性; 11. 两种、两种、增强; 12. 玻璃纤维、碳纤维; 13. 质量轻、强度大。

二、思考题

1. 答：汽车构件对车身钢材的性能要求：具有良好的使用性能；具有良好的工艺性能。

2. 答：车身钢材修理注意事项：加热低碳钢时，随着温度的增高，强度和刚度也随着下降，停止加热后温度下降到常温后其强度又恢复到原来的程度；加热高强度钢时，其内部的金属晶粒会发生改变，并且经过过度加热再冷却后强度会下降，所以高强度钢不允许用加热的方式进行修理；加热对车辆的影响，破坏了镀锌层，使钢板的防锈能力降低，容易引起钢板锈蚀。

3. 答：汽车构件对车身铝合金型材的性能要求：要有较高的强度和刚度；要有较好的抗疲劳性能；要有良好的耐腐蚀性能。

4. 答：铝合金的特性：质量轻；强度高；可塑性好；导电性强；导热性能快；加工性能好；抗蚀性好。

5. 答：铝合金抗氧化性能优于钢材，经过打磨处理后，铝合金表面氧化膜就会渐渐形成，因此，加热过后收缩速度相当快，但铝合金表面本身具有抗氧化，所以不会生锈；铝熔点低，熔化温度是660℃，沸点为2 467℃，加热时没有明显的火色，不会像一般钢材那样加温后会变红，并且受热后铝合金容易产生变形和翘曲，因此加热时须注意温度；铝合金的导热性和导电性比钢材好，导热性约为钢的3倍，本身不会被磁化；传热源性能。铝合金传达热源速度快于钢材，局部加热，热源将迅速传遍铝合金板材；电极腐蚀性。铝合金表面有电极腐蚀性，当铝合金与不同金属（特别是钢材）结合时，必须将结合表面清洁干净，否则钢的金属微粒与铝合金表面结合，会造成铝合金表面腐蚀；铝合金膨胀系数大于钢材，是钢材的2倍，焊接时铝合金板件有产生较大的热应力、变形及裂纹的倾向，铝合金与一般钢板在施工过程中很容易发生加工龟裂；在铝合金表面打磨过后就会产生一层氧化铝，氧化层虽然使铝合金不生锈，但是氧化层会导致涂装处理困难且附着能力差，因此，铝合金表面在打磨过后需进行脱脂、火焰涂层及保护剂处理。

6. 答：塑料的特性：具有良好的化学稳定性；摩擦系数较小，耐磨减摩性能好；电绝缘性能良好，汽车电器零件上广泛应用塑料作为绝缘体；塑料的消声和吸振性能良好；塑料的密度只有1.0~2.0 g/cm，质量轻，采用塑料件能够大幅度减轻车辆的重量，降低油耗，易于实现汽车轻量化；塑料的比强度高。

塑料与钢材对比，其缺点是：导热性差；耐热性较差（100℃以下）；易老化、易燃烧、温度变化时尺寸稳定性差。

7. 答：热塑性塑料：在特定温度范围内能反复加热软化和冷却硬化的塑料。

特点：加工成形方便、力学性能较好，但耐热性相对较差、容易变形。

汽车上热塑性塑料部件：翼子板内板、内装饰板、扰流器、溢流箱。

8. 答：热固性塑料：在受热或其他条件经过一次固化后，不再受热软化，只能塑制一次的塑料。

特点：其耐热性好，受压不易变形，但力学性能较差。

汽车上热固性塑料部件：导流板、扰流板、仪表板、格栅。

9. 答：碳纤维的优点：具有质量轻，强度高，耐腐蚀、耐高温、抗拉强度高、隔热、隔声性好等优点。

项目五　车身典型部件的拆装与更换

一、填空题

1. 吸收和减缓外界冲击力、前后; 2. 金属、非金属、非吸能式、吸能式; 3. 塑料、外板、缓冲材料、外板、缓冲材料; 4. 直接、筒状; 5. 螺栓、前围支柱、挡泥板; 6. 后车轮、焊接; 7. 保护车辆、砂石、泥浆、延长、好的、良好; 8. 降、增加、蜗轮蜗杆式、齿轮齿条式; 9. 顺开式、逆开式、推拉式; 10. 铰链、铰链、门体、车门附件; 11. 隔热垫、铰链、锁; 12. 行李厢盖、后备箱; 13. 发动机罩、1.5~4.5; 14. 发动机盖、铰链; 15. 翻边、胶粘、外板、内衬板。

二、思考题

1. 答: 汽车保险杠的作用: 吸收和减缓外界冲击力、防护车身前后部的安全; 为汽车前照灯、前格栅提供安装支撑空间; 美化车身。

现在汽车前后保险杠一般采用塑料保险杠, 由外板、缓冲材料和横梁三部分组成。

2. 答:(1)用翘板拆除卡扣, 拆卸前保险上左、右固定件;(2)用十字螺丝刀拆卸前保险杠上部螺栓;(3)拆卸前轮罩左、右衬板螺栓;(4)举升车辆至合适位置;(5)拆卸前保险杠底部固定螺栓;(6)将前保险杠与支撑架脱离;(7)二人配合, 沿车头相反方向平行向前从导向件中推出保险杠;(8)拔出前雾灯插接器的插头。

3. 答:(1)翼子板的作用: 在汽车行驶过程中, 保护车辆, 防止被车轮卷起的砂石、泥浆溅到车厢的底部造成车厢的磨损或者是损坏, 并延长了车辆的使用寿命。

(2)前翼子板安装在前轮处, 为独立的部件, 大多用螺栓和车身壳体相连, 后端与前围支柱相连, 前端与散热器支架的延长部分及前照灯架相连, 侧面与挡泥板相连。

(3)后翼子板是包容后车轮, 是后段车身的重要构件, 通常以焊接方式与车身壳体相连, 为非独立部件, 不可拆卸, 损坏时需进行焊点破除, 以切割损坏处的方式更换新部件。

4. 答: 车门玻璃升降器的作用:(1)操控车窗玻璃平稳地沿玻璃导槽上升或下降, 灵活调整车门玻璃开度大小、通风、防风雨, 满足乘坐舒适性的需要;(2)能够将车窗玻璃按要求停驻在任意位置, 既不下滑, 也不会由于汽车颠簸而上下跳动;(3)锁上车门后, 还能防止外人将车门玻璃强行拉下而进入车内。

5. 答: 蜗轮蜗杆式玻璃升降器由电动机、蜗轮蜗杆机构、钢丝绳、绕丝轮、导轨总成和滑动支架等组成。工作过程: 工作时直流电动机带动蜗轮蜗杆并带动转丝轮旋转, 使钢丝拉动玻璃支架上的滑动支架在导轨中上下运动, 使车窗玻璃上升或下降到需要位置。

6. 答: 汽车对车门的基本要求:(1)锁止可靠;(2)开度足够;(3)开关方便灵活;(4)密封性能好;(5)刚度强。

7. 答: 车门门锁机构的作用: 在车门关闭后, 由安装在车身上的车门锁扣与车门锁的锁门咬合后锁死，防止汽车在行驶过程中车门打开而发生安全事故。

8. 答：车门门锁机构的工作原理：车门关闭时，在车门关时的撞击惯性力作用下，棘轮受锁扣的压迫克服棘轮回位弹簧作用力而转动，棘爪在止动弹簧的作用力下将棘轮卡住，车门被锁。车门开启时，车内的内把手分总成或车外的外把手总成是靠连杆或拉索连接的，可进行远距离操作。拉动把手时，解除棘爪对棘轮的止动作用，棘轮在回位弹簧的作用力下转动弹开，车门被开启。

9. 答：发动机盖由发动机盖、发动机盖隔热垫、发动机盖铰链、发动机盖支撑杆、发动机盖锁、发动机盖锁开启拉索以及发动机盖密封条等零件组成。

10. 答：（1）关上车门，检查前车门与后车门、前翼子板、门槛外板、车身侧外上板缝隙。如果不符合标准要求，拧松铰链螺栓调整至规定值，前车门与后车门间隙为 3~4.5 mm、前车门与前翼子板间隙为 3~4.5 mm、前车门与门槛外板间隙为 3~6 mm、前车门与车身侧外上板间隙为 3.5~5.5 mm。

（2）用扭力扳手紧固铰链固定螺栓加至规定力矩 25 N · m。

（3）用扭力扳手紧固车门开度限位器固定螺栓加至规定力矩 9 N · m。

11. 答：车门由门体、车门附件和车门内装饰板三部分组成。

12. 答：行李厢盖的拆卸步骤 :（1）用翘板拆下行李厢左右铰链装饰盖固定卡扣，取下铰链装饰盖;（2）用塑料翘板拆下行李厢锁块装饰盖;（3）按从上至下顺序拆卸行李厢内衬固定卡扣，取下行李厢盖内衬;（4）拆卸左右后尾灯、控制锁插接头，用卡扣起子起下线束卡扣;（5）用棘轮扳手拆卸铰链螺栓，二人配合抬出行李厢盖。

项目六　车身板件修复

一、填空题

1. 正位敲击法、错位敲击法; 2. 薄钢板; 3. 锤子、顶铁; 4. 焊接焊片、滑锤拉拽操作、碳棒的加热; 5. 局部拉拔、焊接电极头; 6. 单点拉拔、多点拉拔; 7. 小、点; 8. 整体拉拔、人力或机械; 9. 损伤程度、较高; 10. 试焊、电流过大、由小到大; 11. 间接损伤; 12. 单纯的卷曲、凹陷卷曲。

二、选择题

1. B　2. C　3. B　4. D　5. B　6. A　7. B

三、简答题

1. 答：锤击整形法的优点：以利用金属的冷加工硬化现象，进一步提高材料的强度和硬度；对防锈层的破坏程度较低，较适合修复耐腐蚀特种钢板；对薄钢板膨胀、隆起拉紧、扭曲现象，收缩现象十分显著；所选工具简单，操作方便。

锤击整形法的缺点：效率低，具有一定的技术难度；反复多次锤击会使板件表面损伤，尤其会使得板件变形面积较大，变形程度较大时，会显得更加突出；对厚钢板不具备收缩、延展面时不使用。

2. 答：锤击部位、力度要合适；锤子、顶铁形状要适合板件形状；工具选择要合适；运锤方法要正确。

3. 答：判定损伤范围；转换开关选择所需要的作业方式；磨除旧漆膜；连接外形修复机搭铁线；把介子片安装到焊枪上，焊枪的触头一般有磁性可以吸住介子片，把介子片抵在凹陷处的金属板上；按下焊枪的开关，通电后介子片就焊接在金属板上了。然后就可以使用拉拔器对金属板进行拉伸修复；拆除介子片时，用钳子夹住后，左右拧就可以轻松拆下来；拉伸修复操作完成后，用盘式打磨机轻轻地对金属板表面进行整体打磨，把焊接印记打磨掉；防腐处理。

4. 答：目测检查法：通过受损板件不同位置反光来观察直接损伤的位置和间接损伤范围；触摸法：用整个手掌紧贴受损板件，往返摸，用手掌感觉门板损坏的范围和程度；手指按压法：通过指压观察门板的变形，以确定间接损伤的范围；测量法：使用专用卡尺测量板件受损程度。

5. 答：用铁锤和垫铁校正铝板、用铝外形修复机校正铝板、用尖锤或杠杆铝撬起板凹陷、用铁锤和修平刀弹性敲击。

项目七　车身焊接技术

一、填空题

1. 焊接电流、电弧电压、送丝速度、焊接速度; 2. 厚度、电压; 3. 前进法、后推法; 4. 长、宽、减小; 5. 深、增大; 6. 低、高、电阻; 7. 加压、加热; 8. 最大、小、低、增大、增加; 9. 减小、减小、减小; 10. 外观目测法、破坏性试验法; 11. 扭曲试验法、撕裂试验法。

二、选择题

1. A　2. B　3. C、D　4. A　5. B　6. B　7. C

三、思考题

1. 答：薄板焊接变形小；操作简单易学；溅出物少；焊缝成形时不适合在强风处焊接。

2. 答: MAG 焊气孔、凹坑缺陷产生的原因: 工件上有锈迹或污物; 焊丝上有锈迹或水分; 保护气覆盖不足; 喷嘴堵塞、焊丝弯曲或气体流量过小; 焊接时冷却速度过快; 电弧电压太高。

改进措施：清除工件表面锈、油、尘土；采用清洁焊丝，清除送丝机构污物；增加保护气流量，排除空气；清除气体喷嘴飞溅，剪掉弯曲焊丝，调大气体流量；降低焊接速度；减小喷嘴到工件的距离，减小焊丝的伸出长度，减小电弧电压。

3. 答: MAG 焊咬边缺陷产生的原因: 焊接速度太高; 电弧电压太高; 焊枪角度不正确; 焊枪角度不稳定; 焊丝送进太快; 电流过大。改进措施: 减慢焊接速度; 降低焊接电压; 改变焊枪角度，稳定操作; 降低送丝速度; 增加焊枪在熔池边缘的停留时间; 将焊接电流调整到合适大小。

4. 答: MAG 焊飞溅物多缺陷产生的原因: 电弧电压过高或过低; 工件表面生锈; 焊枪角度太大; 导电嘴磨损严重。改进措施: 根据焊接电流仔细调节电压; 对工件表面进行除锈处理; 减小焊枪角度; 更换新导电嘴。

5. 答: 焊接电流一定时，导电嘴到工件的距离过大，增加从焊枪端部伸出的焊丝长度而产生预热，从而加快了焊丝熔化的速度，并且导致气体保护效果不好，易产生气孔，电弧不稳，飞溅加大。焊接电流一定时，导电嘴到板件的距离过小，看不清电弧，将难以进行焊接，并且可能导致焊丝回燃而堵塞或烧毁导电嘴。

6. 答: 焊接速度太快，焊接产生的热量小，所以焊接熔深和焊缝的宽度都会减小，焊缝会变成圆拱形，甚至产生焊接咬边现象。而焊接速度太低，焊接产生的热量增加，造成焊接熔深过大，焊缝的宽度增大，甚至会产生许多烧穿孔，并且生产效率低等。

7. 答: 电阻点焊操作时工件焊接表面的间隙对焊接质量影响: 叠加金属焊接表面间的空隙对电流的通过会产生影响。虽然不消除间隙也能焊接，但由于间隙使焊接接触部位变小而降低了焊接的强度。正确操作方法: 焊接前要先将焊接件表面进行整平，以消除间隙; 采用夹紧装置将两者压紧在一起。

项目八　车身测量与校正

一、填空题

1. 基准面、中心面、零平面; 2. 修复前、修复中、竣工后; 3. 全自动、高; 4. 发射器、测量铝梁; 5. 水平拉伸、向上牵拉、向下拉伸; 6. 高度; 7. 宽度; 8. 长度; 9. 相反; 10. 扭曲、直线、松开。

二、选择题

1. ABC　2. A　3. C　4. A

三、思考题

1. 答: 在车身修复时要对车身各部件尺寸参数进行测量，一方面用于对车身技术状况的诊断，另一方面用于指导车身维修。车身修复工作，车身修复前的测量旨在确认车身损伤状态，了解车身变形程度大小，是制定合理的车身修复方案的重要依据; 车身修复过程中的检测旨在有效地控制修复过程中的质量。通过测量来保证矫正或更换车身主要构件时其形状尺寸精度和位置准确度; 竣工后的测量旨在复核，检验车身修竣后的技术参数是否符合标准或达到预定的修复目标，为验收和质量评估提供可靠的依据。

2. 答：一是利用车身壳体或车架上已有的基准孔，找出所需的定位参数值，二是以基础零件和主要总成在车身上的正确装配位置为依据；三是比照其他同类车型车身图中标示方法，来确定参数的量取方案。

3. 答：将超声波发射器、测量头以及测量头转接器等安装到汽车车身某一测量孔上，超声波接收器装置在测量横梁上，发射器有上下两个发声孔同时发射超声波，利用声音等速传播的特性，装在测量横梁上的两排 48 个接收器可快速精确地测量声波在车辆上不同基准点之间传播所用的时间，再由计算机根据每个接收器的接收情况自动计算出每个测量点的三维数据。

4. 答：①在进行整个车身在修复时，要遵循“从里到外”的顺序完成修复工作。不是车身前部损坏就先修理前部部件，后部损坏就先修理后部部件。因为车身中部是车身尺寸的基准，要先对车身的中部（乘坐室）进行校正修复，使车身的中部和底部的尺寸特别是基准点的尺寸恢复到位，再以它们为基准对前部或后部的尺寸进行测量和校正。

②以碰撞方向相反的方向来设计拉伸校正顺序，按“后进先出”的顺序进行修复，即按与碰撞损坏相反的顺序修复碰撞时出现的损伤，最后出现的损伤要最先修理，最先出现的损伤要最后修理。

5. 答：①框架式车身校正仪具有占地面积小、移动灵活机动、价格低廉的优点，适合小型修理厂使用。它的主要缺点：车辆装夹麻烦，要借助举升设备将车辆举起后平稳地放在校正仪上进行装夹；2 个液压拉伸塔柱只能在地面上移动，而不能够随意转动，校正拉拔操作不方便；由于拉拔力有分力抵耗而使拉力不够强劲。

②平台式校正仪的优点：通过电动绞盘把汽车牵引到倾斜的工作台面上，液压举升装置可以调整整个平台的高度，方便进行车身底盘的维修与测量；2 个液压拉伸塔柱可以沿工作台周边轨道作 360° 旋转，方便车辆进行多点、全方位的维修；液压拉伸塔柱内的油缸垂直工作时无拉力损耗，拉拔力强劲有效。平台式校正仪的缺点：价格较贵，占地面积较大，移动不方便。